2026

SUPERCRACKS DEL FÚTBOL

Publicado originalmente por Dino Books,
un sello de Bonnier Books UK.

Escrito por Matt Oldfield, Emily Stead, Seth Burkett y John Murray
Ilustraciones de cubierta de Dan Leydon

Avda. Diagonal, 662-664, 08034 Barcelona (España)
www.planetadelibrosinfantilyjuvenil.com
www.planetadelibros.com
infoinfantilyjuvenil@planeta.es
Primera edición: enero de 2026
ISBN: 978-84-08-31271-0
Depósito legal: B. 22.366-2025
Impreso en España

El papel de este libro procede de bosques gestionados
de forma sostenible y de fuentes controladas.

2026

SUPERCRACKS DEL FÚTBOL

Matt Oldfield
Emily Stead
Seth Burkett
John Murray

INTRODUCCIÓN

Bienvenidos a *Supercracks del fútbol 2026*, el anuario que recoge los momentos más emocionantes de una nueva y vibrante temporada del deporte rey.

Matt Oldfield repasa toda la temporada de la apasionante Premier League, con protagonistas como el Manchester City, el Arsenal, el Chelsea o el Liverpool.

Emily Stead se centra en los momentos más destacados de la selección inglesa femenina, que, gol a gol, se alzó con la preciada EURO en 2025.

John Murray nos presenta las mayores gestas de las competiciones europeas, además de lo mejor de las grandes ligas de Francia, Alemania, España, Italia y Escocia.

Y Seth Burkett completa la jugada con lo mejor de lo mejor del mundo del fútbol, desde los goles más increíbles a los jugadores y equipos más destacados.

Además, podrás comprobar lo que has aprendido y demostrar que eres un auténtico apasionado del fútbol con un cuestionario y varias actividades. Disfruta de una sopa de letras muy futbolera, resuelve ingeniosos anagramas, diseña una equipación para tu equipo y juega al bingo... ¡en una sección final que pondrá a prueba tu ingenio!

La afición ruge... Los jugadores ya están en sus posiciones... ¡Que empiece el partido!

LOS AUTORES

Matt Oldfield es un escritor de literatura infantil especializado en el maravilloso mundo del fútbol. Entre sus obras, destacan *Unbelievable Football* (ganador del premio Children's Sports Book of the Year en 2020) y la serie *Johnny Ball: Football Genius*. Matt también imparte talleres de escritura en colegios.

Seth Burkett es escritor y exfutbolista profesional. Tras haber jugado en Brasil y Sri Lanka, ahora dedica su tiempo a escribir sobre fútbol y a dar charlas en centros escolares. Ha publicado 16 libros, entre los que destacan *Tekkers* y la serie *GOAT*.

Emily Stead es una apasionada de la literatura infantil desde que era pequeña. Ha trabajado como escritora y editora de literatura infantil y ha participado en libros sobre algunas de las estrellas, equipos y torneos de fútbol más destacados, durante muchas temporadas. Cuando no se dedica a escribir, suele estar animando desde la banda en los partidos de su hijo menor o jugando al fútbol en Yorkshire.

John Murray ha escrito y editado libros sobre una amplia variedad de deportes, desde fútbol y esgrima hasta tenis o críquet. En la actualidad, es director de contenidos en Touchline.

ÍNDICE

PREMIER LEAGUE INGLESA

PRIMERA PARTE

SAKA: LA LUCHA POR SER CAMPEÓN

La temporada 2023-24 llegó a su fin para Bukayo Saka con una mezcla de emociones. En el plano individual, el inglés se mostró orgulloso de su evolución y de los goles añadidos a su repertorio. Acabó siendo el máximo realizador del Arsenal en todas las competiciones, mientras que, con Inglaterra, se erigió en uno de los héroes de la EURO 2024, especialmente en los cuartos ante Suiza. En esa eliminatoria, primero logró el tanto del empate con un golazo de rosca, y después se sacudió el fantasma de la EURO 2020 anotando en la tanda de penaltis.

Sin embargo, pese a todos esos grandes momentos, se le resistió el logro más importante: un título colectivo. Y es que, por segunda temporada consecutiva en la Premier, el Arsenal volvió a quedarse a las puertas y terminó segundo tras el Manchester City. Además, por segunda EURO consecutiva, Inglaterra volvió a caer derrotada en la final, en esta ocasión, frente a España.

¡Otra vez, no! ¿Estaba Bukayo condenado a ser un eterno subcampeón? Eso parecía cuando abandonó el césped cabizbajo y destrozado tras la final de la EURO 2024. Sin embargo, unas merecidas vacaciones (o un «parón para cargar las pilas», como él mismo afirmó en redes sociales) le sirvieron para recuperar la energía y el optimismo. Y, cuando regresó al Arsenal a principios de agosto de 2024, Saka se mostró más ambicioso que nunca.

«¡Vamos, este tiene que ser nuestro año!», repetía una y otra vez a sus compañeros mientras se preparaban para el arranque de la nueva temporada de la Premier League.

Aunque Bukayo había tenido que despedirse y desearles suerte a dos de sus grandes amigos de la cantera Gunner (Emile Smith Rowe y Eddie Nketiah), la plantilla del Arsenal se había reforzado más que nunca. El italiano Riccardo Calafiori aportaba solidez y elegancia tanto en la banda izquierda como en el centro de la defensa, mientras que Mikel Merino aterrizaba como un centrocampista total, tras su brillante actuación en la EURO 2024 con España. Es cierto que un delantero más goleador hubiera venido de perlas para aumentar la pegada arriba, pero no importaba: el Arsenal contaba con muchas alternativas de cara a portería...

En la jornada inaugural de la temporada, frente a los Wolves, Bukayo recibió el balón pegado a la banda derecha, levantó la cabeza y puso un centro perfecto con la zurda directo a la testa de Kai Havertz.

¡1-0!

Ya en la segunda parte, cuando el partido se ponía más reñido, fue de nuevo Saka quien apareció para sentenciar con un disparo con rosca ajustado al palo.

¡2-0!

¡Goool del Arsenal!

La celebración fue a lo grande: frente a la grada del Emirates, Bukayo abrió los brazos, sonrió y se encogió de hombros. La hinchada local se volvió loca con su joven estrella.

Un gol, una asistencia y la primera victoria de la temporada; con Bukayo en plan estelar desde el arranque, la lucha por acabar en lo más alto de la Premier ya estaba en marcha. Pero Saka no era la única estrella ofensiva del Arsenal: bajo la batuta de Mikel Arteta, los goles siempre se repartían entre todo el equipo.

Leandro Trossard y Thomas Partey firmaron los tantos del 2-0 ante el Aston Villa. Después, fue Kai Havertz quien vio puerta en el 1-1 frente al Brighton...

... el defensa Gabriel Magalhães anotó en la victoria del derbi del norte de Londres contra el Tottenham...

... y Calafiori y Gabriel Magalhães lo hicieron en el 2-2 contra el Manchester City.

¿Y quién había dado la asistencia en todos esos goles decisivos? Exacto: Bukayo. Cinco asistencias en sus cinco primeros partidos de la temporada. ¡Un arranque descomunal!

Con tan solo veintidós años, Bukayo se había convertido en una pieza fundamental para el Arsenal.

Y era tan importante que, cuando Martin Ødegaard sufrió una grave lesión en el tobillo, Arteta decidió darle el brazalete de capitán en los partidos contra el Manchester City y contra el Leicester City.

El resultado: un empate a dos y una victoria por 4-2. Su trayectoria como líder había arrancado con fuerza.

En el siguiente partido contra el Southampton, Jorginho lució el brazalete, pero Bukayo siguió siendo decisivo en la victoria del Arsenal. Cuando el equipo se vio 1-0 abajo al comenzar la segunda mitad, reaccionó al instante; recuperó el balón y lo puso rápidamente para Kai.

¡1-1!

«¡Así sí, vamos!», gritó Bukayo con pasión, cogiendo el balón de la red para apresurarse a buscar el círculo central. Porque un empate no bastaba: si querían acabar primeros y conquistar la Premier League, el Arsenal debía ganar todos los partidos posibles, y Bukayo estaba decidido a seguir luchando hasta conseguir su objetivo.

Diez minutos después, Bukayo sirvió un centro increíble a Gabriel Martinelli en el segundo palo, y, antes del pitido final, aprovechó un error del Southampton para poner el 3-1.

Trabajo finalizado con éxito. Gracias a un gol y dos asistencias, Bukayo había logrado amarrar esos tres puntos tan importantes para su equipo.

«Es increíble; ahora mismo, es uno de los mejores jugadores del mundo», afirmó con admiración Gabriel Martinelli tras el partido. Sin duda, lo era. Pero ¿qué sería del Arsenal sin él? Su ausencia se notó mucho en el siguiente encuentro, en el que no pudo participar debido a un problema en el muslo, y el Arsenal cayó 2-0 ante el Bournemouth.

Bukayo pudo recuperarse una semana después para el duelo en lo más alto de la tabla contra el Liverpool.

En el minuto 9, corrió tras un sensacional pase largo de Ben White, se adentró en el área después de dejar atrás a Andrew Robertson y colocó un disparo imposible para Caoimhín Kelleher.

¡1-0!

¡Goooool del Arsenal!

Con ese tanto, Bukayo se convirtió en el jugador más joven en alcanzar los 50 goles en la Premier League. Sin embargo, mientras los aficionados del Arsenal enloquecían a su alrededor, él, como capitán, se mantuvo tranquilo y se encogió de hombros. Marcar en los grandes partidos parecía pan comido para la idolatrada joven estrella.

«¡Sí, eres el mejor, B!», celebró Kai, abrazando a su héroe.

Pero el partido aún no había terminado. El Liverpool logró empatar en dos ocasiones, y el choque acabó 2-2 en el Emirates.

«¡Maldición, teníamos que haber ganado este partido!», se quejó Bukayo, frustrado. Era el tercer empate del Arsenal en sus primeros nueve partidos, frente a solo cinco en toda la temporada anterior.

Aunque estaba profundamente decepcionado, Bukayo se negó a dejar que el golpe le afectara por mucho tiempo. Al fin y al cabo, un empate siempre es mejor que una derrota, y el Arsenal seguía metido de lleno en la pelea por el título, ya que se situaba a cuatro puntos del Liverpool y a cinco del líder, el Manchester City.

Además, todavía quedaban muchos partidos por disputar, empezando por una complicada visita a Newcastle…

ISAK: RECUPERAR SU MEJOR VERSIÓN

2 de noviembre de 2024, St James' Park, Newcastle

«... Y el número 14... ¡Alexander Isaaaaaak!».

Cuando anunciaron su nombre, un rugido ensordecedor recorrió todo el estadio. El fichaje récord del Newcastle arrancaba en el ataque en el gran duelo contra el Arsenal. Y, después de un inicio de temporada algo irregular, parecía que Alexander volvía a recuperar su mejor versión.

Durante la temporada 2023-24, Alexander había tenido un rendimiento espectacular, anotando 21 goles en la Premier League, incluidos 11 en sus últimos 12 partidos. Los aficionados del Newcastle se habían enamorado de él, pensando que, por fin, habían encontrado a su «nuevo Alan Shearer», un delantero estrella capaz de ganar títulos y de devolver al club a la Champions League. Sin embargo, en los primeros ocho partidos de liga de la temporada 2024-25, el sueco tan solo había logrado marcar un gol.

¿Se estaba apagando Alexander tras brillar solo un año?

No, todavía no era el momento de alarmarse. Se había perdido dos de esos ocho partidos por una fractura en un dedo del pie, y no era el único jugador del Newcastle con dificultades para recuperar su nivel; el resto de los atacantes también atravesaba la misma sequía. Tras cinco jornadas consecutivas sin ganar, el equipo había caído hasta la duodécima posición en la tabla.

A todo esto se sumaba la incertidumbre en torno al futuro de Alexander: ¿le ofrecería el club un nuevo contrato o preferiría venderlo por una cifra millonaria? El delantero había intentado aislarse de todas las especulaciones con el objetivo de que no afectaran su rendimiento dentro del campo. Sin embargo, no era tarea sencilla.

«Quiero que Alex esté concentrado en el fútbol», había declarado el técnico, Eddie Howe, en la previa del noveno partido de liga del Newcastle, frente al Chelsea. «Mi tarea principal en este momento es poner a Alex en forma para que juegue su mejor fútbol, para que disfrute en el campo y para que marque goles».

¡Reto aceptado! Alexander respondió con un gol ante el Chelsea. Y, cuando empezaba a meter goles, normalmente no había quien lo detuviera.

¡PELIGRO A LA VISTA!

Sin embargo, ante el Arsenal, Alexander se enfrentaría a William Saliba y a Gabriel Magalhães, dos de los mejores centrales no solo de la Premier League, sino del mundo. ¿Sería capaz de complicarles la vida con su velocidad, con su potencia y con sus movimientos rápidos e inteligentes?

«¡A por ellos!», pensaba Alexander con calma mientras avanzaba hacia el círculo central para el saque inicial.

La primera ocasión clara del partido fue para el dorsal 7 del Arsenal, Bukayo Saka, pero su disparo se marchó un tanto desviado del poste. ¿La segunda? Para el dorsal 14 del Newcastle.

En el minuto 11, el balón le cayó a Alexander justo al borde del área rival. Lo controló de manera brillante, giró y tocó en corto para Sean Longstaff, que abrió a la banda derecha hacia donde se encontraba Anthony Gordon. El extremo lanzó un centro fantástico, de primera, directo al corazón del área... ¡para Alexander!

Sí, había seguido su carrera hacia el área, metiéndose entre los dos centrales del Arsenal, y, cuando llegó el centro, aprovechó su estatura y su poderío físico para superar por alto a Gabriel Magalhães y rematar con potencia hacia la escuadra...

Alexander destacaba sobre todo por su habilidad con los pies y por su precisión en el disparo, pero, esta vez, sorprendió con un cabezazo imparable, de esos que hasta el propio Shearer hubiera aplaudido con orgullo...

¡Golazo!

¡Sí! El delantero estrella del Newcastle había vuelto por la puerta grande. Alexander lo celebró con su clásico deslizamiento de rodillas sobre el césped y, acto seguido, se levantó para darle un fuerte abrazo a Anthony en señal de agradecimiento. Juntos habían puesto a su equipo por delante en el marcador ante el siempre temible Arsenal.

Cuando sus compañeros dejaron de abrazarlo, Alexander se giró hacia la grada y comenzó a levantar y a bajar los brazos para incitar a la afición a que animara todavía más.

«¡Vamooooooooos!», gritó con toda el alma, mientras lanzaba un puñetazo al aire, cargado de pasión.

¿Y cómo respondió la hinchada del Newcastle? Con su cántico especial, cantando a todo pulmón:

«*Gimme gimme gimme a striker from Sweden,*
He's our Number 14 and he plays in attack.
Gimme gimme gimme a striker from Sweden,
First name's Alexander and his surname's Isak!».

¡Qué momento más emotivo! Alexander podría haberse quedado allí, empapándose de la atmósfera mágica de St James' Park durante horas, pero sabía que aún tenía mucho trabajo por delante, tanto en defensa como en ataque. El equipo había tomado ventaja, pero ¿podrían resistir hasta el final para conservar una victoria tan importante?

Necesitaron realizar un esfuerzo colectivo enorme: Alexander y Anthony presionando desde arriba, Sean y el capitán Bruno Guimarães peleando cada balón en el centro del campo, y Dan Burn junto a Fabian Schär conteniendo a Saka y compañía en la retaguardia. Pero, juntos, lo consiguieron. Finalmente, sonó el pitido final... ¡y el Newcastle se llevó la victoria!

«¡Vamooooossss», rugió Joelinton mientras chocaba las manos y se daba un golpe de pecho con el héroe del partido.

Sin embargo, Alexander no es un jugador de los que se dejan llevar demasiado por la euforia. Así que, mientras caminaba por el césped con una sonrisa, repartiendo apretones de mano y abrazos, se mostraba tan sereno y frío como siempre. ¿Un cabezazo brillante para derrotar al Arsenal? ¡Tan solo he hecho mi trabajo!

Es cierto que la victoria solo permitió al Newcastle escalar un puesto en la tabla de la Premier League (del duodécimo al undécimo), pero, para los jugadores, significaba mucho más que eso. Para ellos, fue como un punto de inflexión en una temporada hasta entonces frustrante. Y, quién sabe, quizá suponía el inicio de una racha positiva.

«Ha sido genial, un gran partido contra un gran rival; significa mucho. Veníamos de una mala racha, pero ojalá esta victoria sea el detonante que necesitábamos», confesó un agotado Alexander en la entrevista para la televisión tras el partido.

SALAH: A TOPE DESDE EL INICIO DE LA TEMPORADA

Mientras tanto, en el Liverpool, el nuevo entrenador Arne Slot había comenzado de manera perfecta. Muchos creían que el equipo iba a necesitar tiempo para adaptarse a las nuevas tácticas del técnico neerlandés, pero los Reds se encaramaron a lo más alto de la tabla de la Premier League desde el inicio de la competición.

Por descontado, ayudaba el hecho de que la plantilla apenas había cambiado con respecto a la temporada 2023-24. A excepción de un único fichaje (el delantero italiano Federico Chiesa) y un cambio de posición (el del maestro neerlandés Ryan Gravenberch asumiendo el rol de centrocampista defensivo, con el número seis), se mantuvo el mismo sólido bloque que tan bien se conocía: Alisson bajo palos; Trent Alexander-Arnold, Virgil van Dijk, Ibrahima Konaté y Andy Robertson en defensa;

Alexis Mac Allister, Curtis Jones y Dominik Szoboszlai en el centro del campo…

… Y, en ataque, Luis Díaz, Diogo Jota, Cody Gakpo, Darwin Núñez y, por supuesto, el jugador más determinante del Liverpool: Mohamed Salah.

A sus treinta y dos años, algunos opinaban que los mejores días de Mo en la Premier League ya habían quedado atrás. Pero el Rey Egipcio no estaba de acuerdo… y sus estadísticas, tan consistentes como siempre, le daban la razón.

Temporada	Goles	Asistencias
2021-22	31	15
2022-23	30	16
2023-24	25	14

¿Y cómo le fue la temporada 2024-25? Después de unas relajadas vacaciones de verano, Mo regresó a Inglaterra decidido a demostrar que seguía siendo uno de los atacantes más letales del planeta. Y empezó la temporada a tope.

En el partido inaugural del Liverpool contra el Ipswich Town, Mo dio la asistencia para el primer tanto de Diogo. ¡Y, luego, se encargó de anotar el segundo! ¡ASISTENCIA Y GOL!

Una semana después, frente al Brentford, definió con clase con su pierna izquierda, colocando el balón fuera del alcance del portero. ¡GOL!

Y en el Old Trafford, contra el gran rival, el Manchester United, Mo estuvo todavía más brillante: primero sirvió dos asistencias a Luis y, luego, firmó un remate letal ajustado al palo.

¡Golazo!

Nadie podía detener a Salah en ese instante de la temporada, y llegó otra de sus nuevas celebraciones favoritas: la del arquero. Fingió sacar una flecha del carcaj, tensó la cuerda y… ¡ZAS! La flecha salió disparada hacia el blanco, igual que uno de sus disparos.

Pero, tras la victoria, sus sorprendentes declaraciones eclipsaron su enorme actuación. «Como sabéis, este es mi último año en el club y quiero disfrutarlo», confesó al reportero de televisión.

¡¿Cómo?! ¿Su último año en el Liverpool? Al igual que sus compañeros Trent y Virgil, el contrato de Mo estaba a punto de expirar al final de la temporada, pero ¿significaba esto que abandonaría el club tras ocho años de magia sobre el césped?

¡Nooooo, Mo, no te vayas! Los aficionados estaban desesperados porque se quedara más tiempo, y no eran los únicos.

«Tienen que renovar a Mo Salah. Deberían ofrecerle, al menos, dos años más de contrato», afirmó el comentarista de televisión Micah Richards.

Tras semejante bombazo, el Liverpool cayó 0-1 en Anfield ante el Nottingham Forest, pero, por suerte, se trató solo de un mal día, y no fue el inicio de una mala racha.

El equipo retomó enseguida la senda de la victoria frente al Bournemouth, con un despliegue impresionante durante la primera mitad.

Luis controló el envío largo de Ibrahima y superó al portero con una definición brillante. ¡1-0!

Trent avanzó desde su propio campo, regateando a quien se le pusiera delante, y asistió a Luis para que marcara su segundo gol. ¡2-0!

Y, luego, tras una pared con Mo, Darwin se coló en el área para colocar un disparo imposible ajustado al palo. ¡3-0!

Cuando el equipo atacaba al unísono con tanta velocidad y habilidad, el Liverpool de Slot, elegante y renovado, parecía una máquina absolutamente letal. Pero ¿podrían mantener ese nivel durante toda la temporada? Esa era la gran pregunta.

De momento, mientras las conversaciones sobre su nuevo contrato continuaban en segundo plano, Mo se mantenía sereno y seguía brillando partido tras partido.

Un penalti decisivo ante los Wolves; un centro bombeado a Curtis para batir a su antiguo club, el Chelsea; una definición fría en un contragolpe para rescatar un punto frente al Arsenal...

«¡Vamoooooosss!», gritó Mo, deslizándose de rodillas sobre el césped.

Virgil en defensa, Ryan en el medio, Luis por la banda izquierda... Todos los integrantes del Liverpool estaban realizando una temporada excelente, pero, cuando el equipo necesitaba un jugador que definiera los partidos, siempre aparecía Mo.

En el siguiente partido contra el Brighton & Hove Albion, los Reds encajaron un tempranero gol en la primera mitad, pero siguieron atacando y atacando hasta que, al final, Cody logró el empate a falta de 25 minutos. Ahora, les faltaba seguir remando para lograr el gol de la victoria...

Menos de 90 segundos después, Curtis avanzó con el balón en un contragolpe, combinó con Luis y, luego, asistió a Mo, quien llegaba volando por la banda derecha.

«¡Oooooooh!», suspiró la afición de Anfield, poniéndose de pie al unísono, conteniendo la respiración ante lo que estaba por venir.

Como todos los defensas, el lateral izquierdo del Brighton sabía con exactitud lo que el *crack* egipcio iba a hacer: escorarse hacia dentro y golpear con su fenomenal zurda. Pero, a pesar de saberlo, su manejo del balón fue tan veloz y efectivo que Pervis Estupiñán no pudo detenerlo. Y, una vez dentro del área, con espacio para disparar, el final de la jugada estaba escrito...

¡Gooool!

Al principio, Mo se quedó inmóvil frente a los aficionados con una mirada seria, casi estoica; pero, finalmente, cuando Curtis acudió a celebrar el tanto, no pudo contener más su sonrisa.

«¡Qué internada!», le felicitó Mo mientras chocaban los cinco.

«¡Y qué definición!», respondió su compañero, feliz.

Ese gol de la victoria contra el Brighton elevó la cuenta goleadora de Mo a siete tantos, a los que se sumaban cinco asistencias, su mejor arranque de temporada en la Premier League hasta la fecha. Pero lo que más importa en el fútbol es el equipo, y, tras diez jornadas disputadas, el Liverpool se encontraba en lo más alto de la tabla, dos puntos por delante de los vigentes campeones, el Manchester City.

¿Podrían mantener el ritmo y conquistar un segundo título de la Premier League? Al Liverpool todavía le quedaba un largo camino por recorrer, pero Mo tenía ese objetivo entre ceja y ceja, en lo que podría ser su última temporada en el club.

Posición	Equipo	PJ	PG	PE	PP	Diferencia de goles	Puntos
1	**Liverpool**	**10**	**8**	**1**	**1**	**13**	**25**
2	Manchester City	10	7	2	1	10	23
3	Nottingham Forest	10	5	4	1	7	19
4	Chelsea	10	5	3	2	8	18
5	Arsenal	10	5	3	2	6	18
6	Aston Villa	10	5	3	2	2	18

SEGUNDA PARTE

ISAK: UNA MÁQUINA DE GOLES

Tras anotar el increíble gol de la victoria contra el Arsenal, Alexander recuperó la confianza al máximo, y, cuando se sentía bien, siempre mostraba su mejor fútbol. ¿Estaba listo para llevar al Newcastle de nuevo hacia la cima de la Premier League y meter al equipo en el top seis?

Cuando perdían 1-0 ante el Nottingham Forest, Alexander lideró la remontada en la segunda mitad con un remate rápido dentro del área pequeña, y terminaron ganando 3-1.

«¡Sí, así sí!», rugió Alexander cuando sonó el pitido final. El Newcastle volvía a mostrar su espíritu de lucha, escalando hasta la octava posición, y, con la vuelta al equipo de piezas clave como Sandro Tonali y Harvey Barnes, las expectativas para el resto de la temporada se dispararon.

Pero esas esperanzas se desvanecieron enseguida tras una muy decepcionante derrota por 0-2 en casa frente al West Ham. ¿Qué pasó? A pesar de dominar el partido, el Newcastle no supo aprovechar sus oportunidades. Justo antes del descanso, Alexander se quedó frente al portero en un mano a mano, pero, tras bajar el balón con el pecho, resbaló y su disparo salió desviado.

«¡Noooo!», se lamentó Alexander mientras se levantaba del césped. Había desperdiciado una gran oportunidad, pero no importaba; como delantero, sabía lo importante que era pasar página y pensar en el siguiente encuentro y en la siguiente oportunidad de gol.

En el partidazo que enfrentaba al Newcastle contra los líderes de la liga, el Liverpool, Alexander controló un pase brillante de Bruno y, con una enorme habilidad, se deshizo de la férrea marca de Virgil van Dijk. Todavía estaba fuera del área, pero ¿por qué no intentar lo que mejor sabía hacer? Sin pensárselo dos veces, ejecutó un disparo increíble y el balón se coló por la escuadra.

¡1-0!

¡Golazo!

¡Menudo zambombazo! Alexander salió corriendo hacia los aficionados y se señaló por encima del hombro con el pulgar, como diciendo: «¿Habéis visto lo que acabo de hacer?». Esta celebración se haría de lo más habitual, porque, una vez que comenzó a anotar goles, parecía imparable: un cabezazo contra el Brentford, otro cabezazo contra el Leicester City…

… Y, luego, su primer *hat-trick* en la Premier League contra el Ipswich.

Comparado con su golazo frente al Liverpool, fueron tres tantos bastante sencillos, pero ¿qué más da? Alexander los celebró con una gran sonrisa frente a sus aficionados. Cuando sonó el pitido final, se llevó el balón del encuentro a casa. Lo único que en realidad importaba era estar siempre en el lugar correcto en el momento justo para marcar, como todos los grandes delanteros.

La cuenta goleadora de Alexander alcanzó la cifra redonda de 10 tantos, pero lo más importante era que el Newcastle recuperaba la octava posición, a solo dos puntos del Bournemouth, que ocupaba el quinto lugar.

«¡Vamos, podemos lograrlo!», alentó Howe a sus jugadores. Todo indicaba que la Premier League podría otorgar CINCO plazas para la siguiente temporada de la Champions League, en lugar de cuatro, y la lucha por esos puestos sería encarnizada.

El Aston Villa era uno de los equipos que competían por un lugar entre los cinco primeros, pero, cuando visitaron St James' Park, el Newcastle le endosó una abultada derrota por 3-0.

Anthony abrió el marcador con un golazo al inicio del encuentro, y, luego… ¿adivinas quién anotó el segundo? ¡Exacto, Alexander! Tras una preciosa jugada de combinación entre Bruno y Jacob Murphy, Alexander irrumpió en el área pequeña y definió con una calma pasmosa.

¡Goool!

Pan comido: Alexander se había acostumbrado a ver puerta partido tras partido. ¡Llevaba una racha de cinco encuentros consecutivos de la Premier League en los que anotó, como mínimo, un gol! Y, a la semana siguiente, en la visita al campo del Manchester United, la racha se incrementó hasta los seis partidos.

Enfrentarse a un central tan corpulento como Harry Maguire nunca resulta fácil, pero Alexander es inteligente y más duro de lo que parece. ¡Además, estaba en la mejor forma de su vida! Así que, cuando Lewis Hall envió un peligroso centro desde la izquierda, Alexander se desmarcó hacia el segundo palo, junto a Lisandro Martínez, mucho más pequeño que Maguire. Y, en el último instante, se zafó de su marcador y cabeceó el balón hacia abajo, superando al portero.

¡0-1!

¡Golazo!

Fue el primer gol de Alexander en el mítico Old Trafford, pero su celebración fue bastante contenida, porque, aunque el Newcastle se había adelantado en el marcador, todavía no habían ganado el partido.

Durante el resto del encuentro, los defensores del Manchester United sometieron a Alexander a un férreo marcaje, pero el atacante se mantuvo tranquilo, ya que eso suponía dejar más espacio para los otros atacantes.

Cuando Anthony colgó otro balón al área, Maguire estaba tan ocupado vigilando al número 14 del Newcastle que no se dio cuenta de la incursión de Joelinton en el área hasta que fue demasiado tarde.

¡0-2!

¡Victoria! El Newcastle ascendía hasta la quinta posición de la tabla, respirando en la nuca del Chelsea y del Nottingham Forest. ¿Serían capaces de quedar entre los tres primeros de la Premier?

¿Por qué no? El equipo se mostraba sólido en defensa, poderoso en el centro del campo, y, en la delantera, contaban ahora con uno de los mejores atacantes del mundo.

Gracias a su increíble racha goleadora, Alexander había vuelto a llamar la atención de muchos grandes clubes europeos, como el FC Barcelona, el Arsenal, el PSG o el Liverpool.

«No sé si has leído los periódicos, Alexander, pero ayer apareció la noticia de que el club te ha puesto un precio de 150 millones de libras. ¿Cuál es tu opinión al respecto?», le preguntó un periodista tras el partido contra el Manchester United.

«¡No, otra vez no!», pensó Alexander, pero respondió con calma y educación: «Estoy en mitad de la temporada y creo que me está yendo muy bien a mí y al equipo, así que, estoy centrado al máximo en esta temporada y muy feliz con cómo van las cosas. Solo pienso en jugar».

Alexander tenía grandes planes para la segunda mitad de la temporada: ganar la EFL Cup, devolver al Newcastle a la Champions League y, por supuesto, mantener su increíble racha goleadora.

SALAH: UN MAGO CON UNA MISIÓN

En la parte alta de la Premier League, todo parecía encaminado a otro apasionante mano a mano por el título entre el Liverpool y el Manchester City. Sin embargo, de repente, el guion dio un giro inesperado.

En noviembre, el City de Pep Guardiola, vigente campeón, sufrió un desplome espectacular con cuatro derrotas consecutivas en la liga: ante el Bournemouth, el Brighton, el Tottenham... ¡y el propio Liverpool!

Con los de Guardiola de capa caída, los Reds no perdonaron en Anfield. Y, como de costumbre, el gran protagonista fue Mo Salah. En la primera parte, el egipcio voló para alcanzar un cambio de juego magistral de Trent, se adentró en el área y logró meter un centro milimétrico al segundo palo para que Cody solo tuviera que empujar el balón. ¡1-0!

«¡Vaya pase!», gritó Dominik, que corrió a abrazar a Mo, seguido rápidamente por Cody y por el propio Trent.

A continuación, tanto Virgil como Mo dispusieron de ocasiones clarísimas para ampliar la ventaja del Liverpool, pero, en ambas, el balón se marchó rozando el larguero. ¿Se lamentarían los Reds de las oportunidades perdidas? Para nada. Ya en la recta final, Luis forzó un penalti y, como era de esperar, Mo asumió la responsabilidad. Con una calma pasmosa, ejecutó para amarrar una gran victoria. ¡2-0!

Misión cumplida. En cuanto a la celebración, en primer lugar, Salah se llevó la mano a la oreja para escuchar el rugido ensordecedor de la grada. Luego, se sentó sobre una valla publicitaria tras la portería y alzó los brazos al cielo. Una pose de héroe… ¡y nada más apropiado!

Con solo 13 jornadas disputadas, el Liverpool abría una brecha de nueve puntos con respecto al resto de equipos de la Premier. Tras la caída del City, ¿se podía dar por cerrada la carrera por el título en una jornada tan temprana? Todavía no. A pesar de otros dos goles y dos asistencias de Mo, los Reds solo pudieron empatar en sus siguientes compromisos frente al Newcastle y al

Fulham, lo que permitió a su nuevo perseguidor, el Chelsea, recortar distancias.

A pesar de eso, el Liverpool se mantenía como líder indiscutible. Practicaba un fútbol eléctrico y ofensivo; apenas habían perdido un solo partido en toda la temporada, y Salah hacía gala de un gran estado de forma. No había motivo para el pánico. Por ahora, la receta era sencilla: mantener la calma y seguir ganando.

Tottenham 3-6 Liverpool. Con los Reds desatados en el liderato, Mo siguió engordando sus estadísticas personales: una asistencia para Dominik, un gol de puro instinto empujándola dentro del área, otro gol con un disparo sencillo, y, por último, una nueva asistencia para Luis.

«¡Vamoooooooos!», gritó Salah, alzando el puño al aire con rabia y alegría. Fiesta completa: el Liverpool había reaccionado a los últimos tropiezos y, además, Mo acababa de hacer historia al convertirse en el primer jugador en la Premier League en alcanzar dobles dígitos en goles (15) y asistencias (10) antes de Navidad. ¡Y todavía faltaban dos partidos más en 2024!

Liverpool 3-1 Leicester. El Boxing Day comenzó de la mejor manera: Cody y Curtis encendieron la mecha en Anfield, y Mo se encargó de sellar la victoria con una de sus jugadas de manual. Se metió en el área a toda velocidad desde la banda derecha; los defensores del Leicester retrocedían, pero Salah se fabricó el hueco justo para soltar un zurdazo ajustado al palo largo.

¡Goool! Una vez más, Mo lograba definir como si fuera cosa de niños, pero ¿cómo conseguía hacerlo una vez tras otra? Solo había una explicación: ¡magia! Por más que lo intentaran, los defensores de la Premier League no encontraban la manera de detenerlo.

El Liverpool parecía imparable en la carrera por el título. A pesar de su ventaja de siete puntos, la consigna era muy clara: ir partido a partido.

La visita al campo del West Ham, en Londres, se presentaba como un reto complicado, pero los Reds lo convirtieron en una exhibición. Cada ataque parecía destinado a acabar en gol. Luis abrió la cuenta, Cody logró el segundo tanto, y, antes del descanso, Mo ejecutó un zurdazo imposible de atajar.

¡Golazo! Al ver cómo el balón besaba la red, Mo ni siquiera se movió... pero una enorme sonrisa se dibujó en su rostro. ¿La razón? Acababa de marcar su decimoséptimo gol de la temporada en la Premier (el vigésimo en todas las competiciones). ¡Las cosas no podían ir mejor para el Liverpool! Y el festival no terminó ahí. Al inicio de la segunda parte, Trent firmó el cuarto tanto, y, antes del pitido final, Diogo anotó el quinto tras una nueva genialidad de Mo: su decimotercera asistencia de la temporada en la Premier.

«¡Colega, eres el mejor!», exclamó Diogo mientras se fundían en un abrazo.

West Ham 0-5 Liverpool. Una nueva exhibición fue la forma perfecta de despedir el año 2024, consolidando, además, la sólida ventaja del Liverpool en lo más alto de la tabla.

El equipo se mostraba firme en el camino hacia el segundo título de la Premier, aunque los aficionados tenían otro deseo navideño: ¿renovaría el club a sus tres grandes figuras?

Tras el triunfo, Mo fue sincero en una entrevista:

«No, estamos lejos. Lo único que tengo en mente es que el Liverpool gane la liga y ser partícipe de ello. Daré lo mejor de mí para que el equipo levante el trofeo. Hay varios rivales que nos van a la zaga, así que necesitamos seguir concentrados y continuar trabajando con humildad».

SAKA: UNA NOCHE DOLOROSA EN SELHURST PARK

21 de diciembre de 2024, Selhurst Park, Londres

Por segunda vez en cuatro días, Bukayo y sus compañeros del Arsenal se enfrentaban al Crystal Palace.

En los cuartos de final de la EFL Cup disputados en el Emirates, los Gunners habían ganado el partido por 3-2, pero ¿podrían repetir triunfo en la Premier, fuera de casa, en Selhurst Park? Si no lo conseguían, sus opciones al título podrían esfumarse antes de Navidad.

Bukayo animó a todos sus compañeros instantes antes del saque inicial.

Tras la decepcionante derrota en Newcastle a principios de noviembre, el Arsenal se había recuperado de forma sorprendente y brillante. Había logrado tres victorias seguidas que los llevaron a alcanzar la segunda posición en la tabla, con los mismos puntos que el Chelsea.

En la primera de esas tres victorias, contra el Nottingham Forest, Bukayo estuvo brillante: logró el primer gol tras una jugada vertiginosa y, más tarde, dio una asistencia a Thomas Partey para que este marcara el segundo.

Una semana más tarde, contra el West Ham, Bukayo incluso mejoró sus prestaciones, ya que repartió tres asistencias y logró un tanto... ¡todo ello antes del descanso!

«¡Genial!», gritó con una sonrisa radiante en el rostro.

Sin embargo, a partir de ese encuentro, a Bukayo le costó ver puerta, al igual que al resto de los delanteros del Arsenal. Contra el Fulham, pensó que había marcado el gol de la victoria a cinco minutos del final, pero, al final, fue anulado por fuera de juego y el partido terminó 1-1. El empate a cero en casa contra el Everton fue todavía más frustrante. A pesar de tener el 77% de la posesión, el equipo solo logró cinco tiros a puerta en todo el partido.

«¡Noooooooo! ¿Por qué hoy no quiere entrar el balón?», se lamentó Bukayo después de que Jordan Pickford atajara su volea.

Ese mal resultado había dejado al Arsenal a cuatro puntos del Chelsea y a siete del líder, el Liverpool. Por lo tanto, contra el Palace, solo valía la victoria...

En el minuto cinco del partido, Bukayo recibió el balón en la banda derecha y encaró a Chris Richards. El defensa le tapó la opción de centrar con su pierna buena, la izquierda, por lo que Bukayo empleó la derecha.

Había estado trabajando duro con su pierna «más débil», y el trabajo siempre da sus frutos. El centro de Bukayo pasó por encima de la cabeza de Thomas, rebotó en la pierna derecha de Gabriel Magalhães y cayó delante de Gabriel Jesús en el segundo palo. ¡1-0 para el Arsenal!

«¡Sí!», gritó exultante Bukayo mientras se unía a la celebración del equipo. Aunque su centro no sería registrado como una asistencia en las estadísticas oficiales, estaba satisfecho con su papel crucial en el gol. Y lo más importante era que el Arsenal ya iba por delante.

Ocho locos minutos después, seguían ganando, aunque 2-1. ¡Un inicio de partido trepidante! Pero, por desgracia para Bukayo, su participación en el encuentro se iba a ver interrumpida.

Al tratar de meter otro centro en el área del Palace, sintió de repente un pinchazo en la parte trasera de la pierna derecha.

«Uf, mal asunto», pensó Bukayo, sentándose en la hierba y negando con la cabeza. «Esto no pinta bien».

A pesar de su deseo de seguir en el campo, no tuvo más remedio que aceptar la cruda realidad. Bukayo salió cojeando muy despacio del campo, y Leandro Trossard entró en su lugar. Al final, los Gunners acabaron ganando el partido 5-1, pero ¿cuál sería el alcance de la lesión de Bukayo?

«Dice que ha sentido algo», comentó Arteta justo después del encuentro. «No son buenas noticias; hay que hacerle unas pruebas y esperar».

Dos días más tarde, el entrenador del Arsenal ofreció datos más precisos: «Por desgracia, estará fuera muchas semanas».

¡No! Sin duda, era un mazazo para el Arsenal y en el peor momento posible de la temporada. Bukayo iba a perderse lo que quedaba del apretado calendario navideño de la Premier, además de un montón de partidos de la Champions. ¿Cómo se apañaría el Arsenal sin su estrella? Como recambios para la banda derecha, solo disponía de Raheem Sterling, que también estaba lesionado; Gabriel Martinelli, que prefería jugar por la izquierda... y su nuevo fenómeno, Ethan Nwaneri, ¡que solo tenía diecisiete años!

Al principio, a Bukayo le costó aceptar su primera lesión importante de su carrera, pero, tras unos días un tanto abatido, decidió centrarse en mantenerse fiel a sí mismo: siempre fuerte, siempre positivo y siempre sonriendo.

Así que, después de que la intervención quirúrgica de su isquiotibial saliera bien, decidió publicar un mensaje en redes sociales desde la cama de hospital. Junto a una foto en la que aparecía haciendo el gesto del pulgar hacia arriba, escribió: «La mayoría ven obstáculos, pero unos pocos ven oportunidades. ¡La recuperación ha comenzado y volveré más fuerte!».

Tras la lesión de Bukayo, el Arsenal desplegó un juego un tanto irregular, pero logró amarrar los triunfos. Aunque no fue una victoria fácil ni brillante, al final lograron vencer al Ipswich Town 1-0 en el Emirates, gracias a un gol tempranero de Kai.

Una rápida mirada a la tabla de la Premier League animó a Bukayo: ¡el Arsenal había superado al Chelsea y se colocaba en segunda posición!

En su siguiente partido, el día de Año Nuevo, los Gunners empezaron encajando un gol en un encuentro a domicilio frente al Brentford, pero, con Bukayo animándolos desde casa, lucharon hasta lograr la victoria.

Primero, Gabriel Jesus igualó con un remate de cabeza. ¡1-1! Luego, Mikel Merino empujó el balón tras una jugada enmarañada en el área. ¡1-2! Y, para terminar, Gabriel Martinelli lanzó un precioso tanto tras un disparo raso. ¡1-3!

¡Trabajo hecho y otro partido ganado! A mitad de temporada, el Arsenal seguía a seis puntos del líder, el Liverpool, pero no iba a rendirse en la lucha por el título de la Premier sin pelear. Y, con suerte, pronto podrían contar con su estrella, Bukayo, para echarles una mano…

Posición	Equipo	PJ	PG	PE	PP	Diferencia de goles	Puntos
1	**Liverpool**	**18**	**14**	**3**	**1**	**28**	**45**
2	Arsenal	19	11	6	2	21	39
3	Nottingham Forest	19	11	4	4	7	37
4	Chelsea	19	10	5	4	15	35
5	Newcastle	19	9	5	5	11	32
6	Manchester City	19	9	4	6	6	31

TERCERA PARTE

SAKA: UNA LARGA TEMPORADA EN EL BANQUILLO

Bukayo trabajó sin descanso para regresar lo antes posible a los terrenos de juego. A mediados de enero, pudo volver al Emirates, aunque solo para ver desde la grada el gran derbi contra el Tottenham.

«¡Bienvenido de nuevo, B!», le saludó Declan mientras se acercaba para darle un gran abrazo.

«¡Eh, cuidado con mis muletas!», respondió Bukayo, aunque era fantástico volver a ver a todos sus compañeros del Arsenal. Ahora, ¿podrían asegurarse de que el norte de Londres siguiera siendo rojo?

Y, en efecto, a pesar de volver a empezar perdiendo, los Gunners lograron remontar y ganar, gracias a los goles de Gabriel Magalhães y de Leandro.

«¡Vamos!», animaba Bukayo desde la grada. ¡Cómo deseaba poder estar en el terreno de juego junto a sus compañeros! Pero aún tendría que esperar un poco más.

Por ahora, su equipo debía seguir luchando sin él…

Arsenal 2-2 Aston Villa.

Wolves 0-1 Arsenal.

Arsenal 5-1 Manchester City.

¡Gran victoria! Fue uno de esos partidos en los que todo salió a la perfección para los Gunners. Todo el equipo presionó al unísono, desde los delanteros hasta la línea defensiva, y, cuando llegaron las oportunidades, las aprovecharon de una manera brillante:

Martin; luego, Thomas, su centrocampista defensivo; después, el lateral izquierdo Myles Lewis-Skelly; más tarde, Kai…

… Y, para terminar, Ethan, con un disparo con la zurda que parecía sacado del manual de Saka.

Aunque Bukayo estaba encantado con su joven y muy talentoso compañero, no podía evitar pensar: «¡Ese es mi trabajo!». Ver a su sustituto brillar con la camiseta del Arsenal era exactamente la motivación que Bukayo necesitaba para seguir adelante durante las largas y duras horas de rehabilitación en el gimnasio. Disfrutaba volviendo al campo de entrenamiento con sus compañeros cada día, ¡pero hacer pesas y ejercicios de piernas en solitario era muy aburrido!

Bukayo estaba deseando volver a jugar lo antes posible. No había tiempo que perder; ¡su equipo lo necesitaba!

En la Premier League, el Arsenal seguía en segunda posición, siete puntos por detrás del Liverpool, y habían logrado avanzar a los octavos de final de la Champions League. Pero, con tantas lesiones de jugadores clave como Bukayo, competir en cuatro competiciones al mismo tiempo resultaba una tarea casi imposible.

En enero, quedaron eliminados de la FA Cup en los penaltis frente al Manchester United…

… Y, luego, en febrero, perdieron contra el Newcastle United en las semifinales de la EFL Cup.

¡Dos oportunidades para ganar un trofeo desperdiciadas! Aunque, por lo menos, eso significaba que la plantilla del Arsenal tendría margen para viajar a Dubái para un período de entrenamiento con buen tiempo, y Bukayo pudo unirse a la expedición. Resultaba muy agradable escapar del invierno inglés y disfrutar de unos días de sol juntos, pero, tristemente, la estancia en Dubái no tuvo un final feliz. Kai se rompió el isquiotibial, como le había pasado a Bukayo. ¡Era muy probable que se perdiera el resto de la temporada!

Con Gabriel Martinelli y Gabriel Jesus también lesionados, ¿quién iba a jugar en ataque? Por desgracia, el equipo no había fichado a otro delantero durante la ventana de fichajes.

No obstante, las noticias positivas eran que Bukayo estaba evolucionado muy bien, y su regreso al terreno de juego cada vez parecía más próximo. Los Gunners solo necesitaban seguir ganando unas semanas más sin él…

Leicester City 0-2 Arsenal.

Arsenal 0-1 West Ham.

¡Qué resultado más decepcionante frente al West Ham! La estadísticas del partido reflejaban la película del encuentro a la perfección:

68 % de posesión,

20 tiros realizados…

… pero ¡solo dos entre los tres palos!

Un gol abajo y, después de quedarse con 10 jugadores tras la expulsión de Myles, el equipo siguió generando ocasiones para empatar, pero les seguían llegando a los jugadores equivocados.

Un central, Gabriel Magalhães, disparó por encima del larguero; el lateral derecho Ben White probó con un potente tiro que se fue fuera… Y, luego, su otro central, William Saliba, envió el balón a la grada.

«¡Aaaaaaaaaaah!», se lamentó Bukayo, frustrado. Era un auténtico suplicio para él ver a su equipo sufrir así, sin poder hacer absolutamente nada para ayudarles. Pero, día tras día, en el campo de entrenamiento, se esforzaba al máximo, preparándose para su gran regreso. Y ya no faltaba mucho…

El partido contra el West Ham finalizó, pero ¿habría acabado también la lucha por el título? En lugar de reducirse, la distancia en la parte alta de la liga se estaba ampliando.

Tras la victoria del Liverpool sobre el Manchester City, su ventaja ya era de 11 puntos. Y, desafortunadamente, con los Gunners todavía sin sus mejores atacantes y Mikel Merino jugando fuera de posición como delantero, la diferencia continuaba incrementándose:

13 puntos...

Nottingham Forest 0-0 Arsenal

Posesión: 63%

Tiros a puerta: 1

... 15 puntos...

Manchester United 1-1 Arsenal

Posesión: 68%

Tiros a puerta: 6

El juego de los Gunners mejoró contra el United, pero, de todas formas, al equipo se le escaparon otros dos puntos importantes...

Todo indicaba que la lucha por la Premier era algo imposible un año más... Sin embargo, Arteta y sus jugadores no estaban dispuestos a rendirse. Además, ¡todavía no había empezado el mes de marzo!

Gracias a un ingenioso remate de cabeza de Mikel, el Arsenal volvió a la senda de la victoria en casa contra el Chelsea, y la diferencia se redujo de nuevo a 12 puntos.

«¡Bien hecho, chicos! ¡Vamos, todavía podemos lograrlo!», felicitó Bukayo a sus compañeros después del partido, rebosante de positividad como siempre.

Dar la vuelta a una ventaja tan abultada del Liverpool, con solo nueve partidos por jugar, iba a ser muy complicado, pero no imposible. Cuando la Premier League regresara en abril, tras el parón internacional, el Arsenal finalmente tendría de vuelta a su estrella, después de tres interminables meses de recuperación. Y, si alguien podía guiar al equipo para no quedarse una nueva temporada sin títulos, ese era Bukayo…

SALAH: «¡VAMOS A GANAR LA LIGA!»

En enero de 2024, el Liverpool iba primero en la clasificación de la Premier con dos puntos de ventaja cuando Mo se marchó a jugar con su país, Egipto, la Copa Africana de Naciones. Unos meses después y tras una grave lesión, su equipo había quedado fuera de la lucha por el título y terminó tercero.

Un año después, en enero de 2025, el panorama era muy diferente. La ventaja del Liverpool era de siete puntos, el equipo desplegaba un fútbol fantástico, no había Copa Africana de Naciones y Mo disputaba todos los partidos de la Premier League sin mostrar signos de problemas físicos. De hecho, a sus treinta y dos años, parecía estar en la mejor condición física de toda su carrera, además de marcar más goles que nunca…

Un remate endiablado al segundo palo contra el Ipswich Town, un penalti transformado y, luego, uno de sus clásicos disparos de rosca para superar al Bournemouth, otro gol y una asistencia en el derbi de Merseyside contra el Everton, el tanto de la victoria contra los Wolves…

… Y, por último, el primer tanto contra el Aston Villa.

¡Goool!

«¡Vamooos!», gritó Mo mientras se abrazaba a su compañero Diogo, quien acababa de servirle un pase perfecto.

Aunque todavía no había noticias de un nuevo contrato con el Liverpool, Mo no dejaba que la incertidumbre sobre su futuro afectara en absoluto a su rendimiento. Acababa de marcar su vigésimo cuarto gol de la temporada en la Premier League… ¡en solo 26 partidos! Esta cifra suponía su récord de goles en una temporada en el club desde que firmara en 2017-18, ¡y aún quedaban 12 partidos por disputar!

La lógica apuntaba a que Mo y sus compañeros acabarían relajándose en algún momento. Eso era lo que esperaba su principal rival por el título, el Arsenal, ya que el Liverpool solo había perdido un partido de la Premier League en toda la temporada, ¡y había sido en septiembre! Ahora, acumulaban una renta de ocho puntos, antes de un partido crucial a domicilio contra el Manchester City. Tras su espectacular colapso de noviembre, el City había vuelto a la senda de la victoria, y, después de hacer seis nuevos fichajes en el mercado de enero, encadenaba cinco triunfos de liga en siete partidos.

El Liverpool sabía que les esperaba un partido complicado en el Etihad, pero, si podían sacar un empate o una victoria, la lucha por la Premier League podría estar prácticamente decidida, sobre todo después de la sorprendente victoria del West Ham ante el Arsenal el día anterior.

Antes del gran partido, se anunció que el delantero estrella del City, Erling Haaland, sería baja por una lesión de rodilla. En cambio, Mo, el hombre clave en ataque del Liverpool, llegaba al encuentro en un pletórico estado de forma.

Cuando los Reds lograron un córner al principio del encuentro, decidieron probar una nueva jugada que habían practicado en el entrenamiento. Alexis puso el balón en el primer palo, donde Luis asistió de primeras a Mo, quien, libre de marca, chutó desde el punto de penalti. Su disparo fue desviado por un defensor del City y se coló al fondo de la portería.

¡0-1!

«¡Vaya, funcionó!», se dijo Mo con una sonrisa, mientras sus compañeros lo rodeaban para felicitarlo.

El Liverpool había arrancado el partido a la perfección, y los jugadores se mantuvieron sólidos y concentrados, tal como lo habían hecho toda la temporada. Un segundo gol antes del descanso parecía el toque de gracia final...

Mo retrocedió para recibir el balón y, tras asistir a Trent, giró y arrancó a toda velocidad para buscar la espalda de la defensa del City. El lateral derecho del Liverpool le devolvió el balón con un precioso pase elevado, tal y como Mo intuía, dejándolo mano a mano contra el lateral izquierdo del equipo rival, Joško Gvardiol.

Después de controlar el balón con su pie derecho, Mo se deshizo de Gvardiol. ¿Chutaría a puerta? No. Había tres defensores del City tapando el disparo, así que Mo cedió el balón a Dominik, quien tuvo tiempo y espacio para levantar la vista y colocar un disparo junto a la base del palo.

¡0-2!

«¡Vamoooos!», gritó el goleador del Liverpool mientras corría hacia Mo, el mago que había creado la jugada, y lo levantaba.

En la segunda mitad, el VAR anuló el tercer tanto de Curtis, pero, al final, las dos intervenciones clave de Mo fueron suficientes para que su equipo sumara una nueva victoria. El Rey Egipcio había mantenido su gran nivel de juego durante toda la temporada.

«¡Honestamente, no me apetece hablar de él!», comentó el lateral izquierdo Andy Robertson en una entrevista tras el partido, antes de admitir: «Bromeo, ha estado increíble».

La victoria sobre el Manchester City fue un momento crucial de la temporada para el Liverpool. Porque, aunque la lucha por el título no estaba matemáticamente cerrada, los Reds acababan de vencer al vigente campeón por segunda vez, y, ahora, tenían 11 puntos de ventaja en lo más alto de la clasificación. Sus aficionados no dudaron en empezar a cantar bajo la lluvia de Manchester:

«*We're gonna win the league,*
We're gonna win the league,
And now you're gonna believe us,
WE'RE GONNA WIN THE LEAGUE!».

Sin embargo, los jugadores del Liverpool no estaban por la labor de celebrar el título antes de tiempo. Pretendían seguir ganando hasta que ese preciado trofeo fuera suyo matemáticamente...

Liverpool 2-0 Newcastle

Dominik inauguró el marcador, y Alexis cerró el partido con un potente remate tras una sutil pared con Mo.

Partido ganado. A por el siguiente...

Liverpool 3-1 Southampton

Sorprendentemente, los Reds llegaron al descanso un gol abajo frente al último clasificado de la competición, pero, tras un triple cambio para aportar frescura al equipo, lograron darle la vuelta al marcador rápidamente en la segunda mitad.

Darwin igualó el encuentro. Luego, Mo sentenció el partido con dos potentes disparos desde el punto de penalti: sus goles vigésimo sexto y vigésimo séptimo de la temporada en la Premier.

«¡Sí!», rugió y chutó de nuevo el balón a la red para celebrarlo.

Un partido menos y tres puntos más cerca del título, el Liverpool parecía imparable... como los penaltis de Mo.

ISAK: HISTORIA VIVA DEL NEWCASTLE

El nuevo año se inició con un Isak estelar: la gran racha goleadora de Alexander se prolongó en enero de 2025. Marcó el gol de la victoria contra el Tottenham y, en el siguiente encuentro, anotó dos tantos de calidad para derrotar a los Wolves: control, ¡PUM!…

¡Gooool!

Tras marcar el segundo gol, Alexander se giró con los brazos abiertos y dejó que le envolviera la increíble atmósfera de St James' Park.

«¡No hay quién te pare!», le felicitó Bruno mientras le daba un fuerte abrazo.

Y, para rematar una actuación redonda, Alexander demostró que podía hacer mucho más que marcar goles. A pesar de estar a un paso del *hat-trick*, avanzó desde la banda derecha, amagó con un elegante regate como si fuera a irse por el exterior y, en cambio, metió un pase perfecto con la zurda hacia Anthony, que estaba libre de marca. ¡3-0!

«¡Vaya asistencia!», le agradeció Anthony mientras se abrazaban para celebrar el gol.

El Newcastle lograba la sexta victoria consecutiva en liga, por lo que ascendían hasta la cuarta posición de la Premier League. ¡Vaya remontada, teniendo en cuenta que, a principios de diciembre, estaban en el puesto 12!

Por su parte, Alexander encadenaba su octavo partido de liga marcando al menos un gol, y se quedaba a solo tres encuentros de alcanzar el récord de la Premier, establecido por Jamie Vardy con el Leicester City en la temporada 2015-16. ¿Podría igualar o incluso superar semejante hazaña?

Desafortunadamente, Alexander no logró marcar en el siguiente partido contra el Bournemouth, pero eso no significaba que se hubiera acabado su fantástica racha. Solo una semana después, frente al Southampton, logró dos goles más para elevar su cuenta a 17 en lo que iba de temporada. ¡Toma nota, Haaland! Alexander se había convertido en el delantero más letal de la Premier, y en uno de los mejores atacantes del planeta futbolístico.

Y no podía permitirse levantar el pie del acelerador. El Newcastle, tampoco. Chelsea, Manchester City, Aston Villa, Brighton, Bournemouth… La parte alta de la tabla estaba tan apretada que, con solo dos derrotas, las Urracas podían caer de nuevo al séptimo puesto y quedarse fuera de Europa.

Una semana después, cuando el Nottingham Forest logró adelantarse en el marcador en St James' Park, los aficionados locales temieron una tercera derrota consecutiva, pero, por suerte, el Newcastle reaccionó y acabó ganando por un emocionante 4-3, con un par de goles más de Alexander, por supuesto. Ya sumaba 19 tantos en la temporada y había alcanzado la cifra de 50 en la Premier. Aun así, lo más importante fue que su equipo logró tres puntos más, con los que mantenía vivo el sueño de la Champions League.

Pero ese no era el único objetivo del Newcastle. Tras vencer al Arsenal en semifinales, lograron también alcanzar la final de la EFL Cup de 2025, con la oportunidad de conquistar por fin un gran título, ¡el primero en cincuenta y seis años!

Así que, cuando su entrenador Eddie Howe se enteró de que Alexander tenía problemas en la ingle, decidió que descansara en el siguiente partido de la Premier, en el que se enfrentarían contra el líder, el Liverpool, a domicilio. Sin su delantero estrella, el Newcastle cayó por 2-0 en Anfield, pero ¿sería diferente el resultado cuando los dos equipos se volviesen a enfrentar en la final de la EFL Cup en Wembley, con Alexander de nuevo en el equipo y en plena forma?

¡Sí! Desde el pitido inicial hasta el final del partido, el Newcastle desplegó un juego intenso y con vocación netamente ofensiva que sorprendió al rival. Logró dominar el juego desde el principio, pero ¿serían capaces de transformar su dominio en goles?

Justo antes del descanso, Kieran Trippier sirvió un córner profundo buscando a Dan Burn, quien saltó para rematar de cabeza de manera brillante al ángulo inferior.

¡1-0!

«¡Sí!», exclamó Alexander al ver que la pelota se colaba en la portería, mientras extendía los brazos y corría a unirse con el resto del equipo. ¡El Newcastle se ponía por delante en Wembley!

Pero todavía quedaba una larga segunda parte por disputar. ¿Podría el Newcastle mantener su intenso ritmo de juego? Todo hacía indicar que sí. Al comienzo de la segunda mitad, otro córner profundo provocó el caos en el área del Liverpool. Dan volvió a rematar y el rechace cayó a los pies de Alexander, quien no iba a perdonar a escasos tres metros de la línea de gol.

¡2-0!

Pero el asistente levantó la bandera por fuera de juego…

«¡No es posible; si estaba habilitado…!», protestó Alexander.

La revisión del VAR dictaminó que Alexander no estaba en fuera de juego… aunque sí lo estaba su compañero Bruno en la jugada previa.

Alexander no iba a permitir que esa decepción le afectara. Dos minutos después, Tino Livramento colgó otro centro peligroso en el área, y, después de que el remate de cabeza de Jacob Murphy cayera cerca del punto de penalti, Alexander se anticipó para mandar el balón hacia la esquina inferior de la potería con un rápido toque con su diestra.

¡2-0!

¡Goool!

Esta vez no había duda de la validez del gol, que podría resultar definitivo para que el Newcastle se llevara el título. Mientras todos sus compañeros celebraban entusiasmados el tanto, Alexander se mantuvo tan sereno y tranquilo como siempre. A continuación, se señaló por encima del hombro con el pulgar, como solía hacer siempre que anotaba un tanto, salió corriendo hacia la esquina del campo y saltó bien alto frente a los aficionados, con los brazos abiertos. ¡Increíble!

Minutos después, el Liverpool logró marcar un gol, pero fue demasiado tarde para evitar que el Newcastle levantara por fin un trofeo. El equipo había logrado hacer historia y ¿quién había marcado el gol de la victoria en Wembley? ¡Alexander!

Gimme gimme gimme a striker from Sweden,
He's our Number 14 and he plays in attack.
Gimme gimme gimme a striker from Sweden,
First name's Alexander and his surname's Isak!

Alexander pasaría a la historia del club como el héroe que llevó al Newcastle a ganar la copa, pero el delantero sueco no tenía suficiente. No. Todavía quedaba trabajo por hacer. Ahora, les faltaba clasificarse para la Champions League.

Mientras Alexander se preparaba para un intenso parón internacional con Suecia, el Newcastle ocupaba la sexta posición en la tabla de la Premier League, pero con un partido pendiente frente a los otros equipos que luchaban por un puesto entre los cinco primeros. Se avecinaba un final de temporada muy tenso y emocionante, y Alexander estaba deseando aportar su granito de arena, es decir, más goles decisivos.

Posición	Equipo	PJ	PG	PE	PP	Diferencia de goles	Puntos
1	**Liverpool**	**29**	**21**	**7**	**1**	**42**	**70**
2	Arsenal	29	16	10	3	29	58
3	Nottingham Forest	29	16	6	7	14	54
4	Chelsea	29	14	7	8	16	49
5	Manchester City	29	14	6	9	15	48
6	Newcastle	28	14	5	9	9	47

SALAH: UN CAMPEÓN CON MUCHO ESTILO

27 de abril de 2025, Anfield, Liverpool

El Liverpool había dominado la competición durante toda la temporada, pero, por fin, había llegado el día en que podrían ser coronados oficialmente como campeones.

Si vencían al Tottenham en Anfield, los Reds conseguirían su segundo título de la Premier League y su vigésimo título de liga inglesa en total, igualando el récord de su gran rival, el Manchester United.

«¡Vamos a por ello!», exclamó el capitán del Liverpool, Virgil van Dijk, a la par que aplaudía para animar a todos sus compañeros antes del inicio del partido frente a una multitud de 60.000 aficionados.

¿Volvería Mo a ser el jugador más decisivo?

Tras unos primeros siete meses de temporada fenomenales, su eficacia goleadora había disminuido, pero, tras haber firmado su ansiada prolongación de contrato por dos temporadas, estaba decidido a cumplir con su misión y regalar a los aficionados algo especial que celebrar.

A principios de marzo, los Reds tenían la posibilidad de lograr un triplete de títulos, pero, en una semana dolorosa, habían perdido contra el PSG en los octavos de final de la Champions League y, a continuación, contra el Newcastle en la final de la EFL Cup. Así que, ahora, Mo y sus compañeros estaban completamente concentrados en ganar el único título que les quedaba...

El primer gol del partido llegó en el minuto 12, pero fue obra del Tottenham. Cuando el remate de cabeza de Dominic Solanke entró en la portería, un silencio sepulcral se apoderó de Anfield. ¡Menudo chasco! ¿Podrían los Spurs arruinar la fiesta del título de la Premier League?

Sin embargo, los Reds no pensaban desaprovechar la ocasión y, en menos de cuatro minutos, ya habían logrado empatar. Mo inició la jugada en la banda derecha y envió un pase perfecto a Dominik, quien irrumpió en el área y, luego, cedió el balón a Luis para que rematara a placer.

¡Jugando en equipo todo parecía más fácil!

¡1-1!

¿O no? El asistente había levantado la bandera por fuera de juego, pero, tras una larga revisión del VAR… ¡el gol finalmente subió al marcador!

A partir de ahí, el Liverpool se mostró imparable en su camino hacia el título de la Premier.

Alexis logró adelantar al equipo con un golazo desde fuera del área.

¡2-1!

Y Cody amplió la ventaja antes del descanso.

¡3-1!

Más tarde, hacia la mitad de la segunda parte, la estrella del Liverpool se unió, al fin, a la fiesta goleadora. Desde la banda derecha, Mo se adentró en el área para superar al lateral izquierdo del Tottenham, y, en lugar de colocar el balón en el palo más alejado como solía hacer, decidió sorprender al portero con un disparo al primer palo.

¡PAM!...

¡Gool!

«¡Sí!», rugió Mo, saltando con el puño al aire. Otro gran partido, ¡otro gran gol! El título estaba ya al alcance de la mano...

Antes de que se reanudara el juego, Mo se detuvo a compartir un momento inolvidable con los aficionados. Primero, se situó frente a ellos, tocando con orgullo el escudo de su equipo. Luego, se arrodilló para besar el césped de Anfield. Por último, cogió un móvil y se hizo un selfi de celebración con todos los aficionados que había detrás de la portería. El héroe de Anfield no pensaba abandonarlos.

Pero el encuentro debía continuar...

Seis minutos después, Mo estuvo a punto de marcar de nuevo, pero, al final, fue el defensor del Tottenham, Destiny Udogie, quien introdujo el balón en su propia portería.

¡5-1!

Y, por fin, acabó el encuentro. Cuando sonó el pitido final, Mo cayó de rodillas sobre el césped y levantó los brazos, entusiasmado. Lo habían conseguido: el Liverpool había ganado la liga con cuatro partidos de antelación.

¡Qué logro y qué temporada!

¡Campeones, campeones, olé, olé, olé!

El único otro título del Liverpool de la competición liguera actual había llegado en 2020, durante la pandemia de la COVID-19, por lo que los jugadores se vieron obligados a celebrarlo sin su público, en un estadio vacío.

Ahora, cinco años después, con un Anfield lleno hasta la bandera, la celebración sería completa. Mo corría por el campo con una enorme sonrisa, abrazándose a sus compañeros. Alisson, Virgil, Trent, Alexis, Dominik, Luis… Todos habían desempeñado un papel fundamental para alcanzar el éxito del equipo.

«Soñábamos con ofrecerle este título a nuestros aficionados. Todos los equipos ganan partidos, pero solo hay un campeón», escribió Mo en las redes sociales unos días después.

Y solo hay una estrella que despunte por encima del resto. A Mo aún le quedaban muchos premios individuales por conseguir durante las últimas semanas de la temporada: la Bota de Oro al máximo goleador de la liga con 29 goles, el premio al Mejor Creador de Juego por sus 18 asistencias, el premio de la Football Writers' Association al Futbolista del Año…

... Y lo mejor de todo: el galardón al Jugador del Año de la Premier League.

Además, aunque Mo estaba realmente orgulloso de ser el primer jugador en ganar estos cuatro galardones en el mismo año, lo que más valoraba eran los logros colectivos. Estaba deseando que llegara el último día de la temporada, cuando el Liverpool por fin levantaría el trofeo de la Premier League ante sus aficionados en Anfield.

SAKA: HOLA DE NUEVO

«Hola de nuevo», ese fue el escueto mensaje que Bukayo publicó en las redes sociales a finales de marzo para anunciar la noticia que todos los aficionados del Arsenal llevaban meses esperando: ¡su joven estrella estaba de vuelta! Aunque aún no estaba listo para jugar los 90 minutos del siguiente partido de la Premier contra el Fulham, Bukayo fue convocado y esperó su turno en el banquillo. A falta de 30 minutos, Arteta decidió que había llegado el momento de que saltara al campo.

«Cambio en el Arsenal: se retira con el dorsal 53 Ethan Nwaneri y entra con el dorsal 7... ¡BUKAYO SAKAAAAAAAA!».

A la par que la afición del Emirates rugía de alegría, Bukayo chocó la mano con Ethan y saltó al césped. Había estado más de tres meses sin jugar al fútbol: 101 días, para ser exactos.

El Arsenal ganaba 1-0, pero necesitaban otro gol para asegurar la victoria... Mientras Gabriel Martinelli conducía el balón por el centro, Bukayo se mantenía bien pegado a la banda derecha. En cuanto el brasileño pasó el balón a Mikel en la banda izquierda, Bukayo arrancó a correr, irrumpiendo en el área a toda velocidad.

Tras el centro de Mikel, Gabriel peinó el balón, y allí estaba Bukayo en el segundo palo para rematar de cabeza a placer.

¡2-0!

¡Goool del Arsenal!

Solo habían pasado 6 minutos y 36 segundos, y Bukayo ya había visto puerta. Un regreso por todo lo alto. Con una gran sonrisa y sacando la lengua con picardía, corrió a celebrarlo con Gabriel. Luego, se plantó delante de los aficionados del Arsenal para hacer un corazón con las manos. ¡Qué bonito era regresar a casa!

¡BUKAYO! ¡BUKAYO! ¡BUKAYO!

Después de celebrar el tanto con todos sus compañeros, Bukayo corrió hacia el banquillo del Arsenal. Había una persona muy especial a la que también quería abrazar: Sam Wilson, uno de los preparadores físicos del club, quien lo había acompañado durante todo su largo camino de recuperación. Bukayo nunca lo olvidaría, igual que nunca olvidaría la noche de su feliz y triunfal reaparición.

Pero, a pesar de la victoria y de su soñado retorno, la posición del Arsenal en la Premier no varió. Seguían segundos, y todavía estaban a nueve puntos del Liverpool, que, además, contaba con un partido menos. Quizá había llegado el momento de que los Gunners se centraran en la Champions League…

Durante el resto del mes de abril, Bukayo siguió actuando como revulsivo en la Premier League. Arteta había decidido reservarlo para los grandes partidos de Europa.

Arsenal 3-0 Real Madrid

¡Qué gran victoria! Declan se convirtió en el héroe del partido al anotar dos faltas directas fantásticas en apenas 12 minutos, pero Bukayo fue quien provocó ambas infracciones gracias a su letal habilidad en el regate.

«Os pedimos vuestro apoyo y respondisteis a lo grande. ¡Gracias! Ahora tenemos que emplear la misma energía en Madrid; el trabajo aún no está terminado», escribió Bukayo a los aficionados tras el partido.

Real Madrid 1-2 Arsenal

Bukayo era consciente de que la visita al Bernabéu, frente a un equipo que contaba con jugadores de primerísimo nivel como Kylian Mbappé, Jude Bellingham y compañía, iba a ser muy complicada. Pero, si los Gunners lograban marcar un gol, podría suponer la estocada definitiva...

En el minuto 8, Bukayo sorprendió con un potente disparo raso que Thibaut Courtois logró detener...

... Y cinco minutos más tarde, falló un penalti lanzado al estilo Panenka, que también detuvo el portero.

«¡Nooo!», se lamentó Bukayo con la cabeza entre las manos, pero no se rindió. Mediada la segunda la segunda parte, se internó en el área tras una inteligente diagonal desde la banda derecha. Sorprendió a los centrales del Real Madrid y alcanzó el pase filtrado de Mikel...

Bukayo se plantó otra vez mano a mano frente Courtois. ¿Sería capaz de batir por fin al portero belga? ¡Sí! Cuando Courtois se lanzó a sus pies, Bukayo levantó el balón por encima del guardameta con un sutil toque lleno de clase.

¡Goool del Arsenal!

Después de un irreverente gesto con el que mandaba callar a los aficionados del Real Madrid, Bukayo se detuvo frente a los seguidores del Arsenal y sonrió, encogiéndose de hombros.

Esta vez, Bukayo tenía un mensaje todavía más corto, de una única palabra, que quería compartir en las redes sociales: «Fe». Bukayo siempre creyó en sí mismo y también en sus increíbles compañeros. ¡Juntos acababan de vencer al poderoso Real Madrid para lograr llegar hasta las semifinales de la Champions League!

Arsenal 0-1 PSG

En el Emirates, a Bukayo le estaba costando superar al excelente lateral izquierdo del PSG, Nuno Mendes, pero, en cuanto cambió de banda justo antes del descanso, logró servir un excelente centro a Gabriel Martinelli que a punto estuvo de convertir en gol.

PSG 2-1 Arsenal

En la visita a París, Gigi Donnarumma desvió con brillantez el primer disparo de Bukayo, pero, al final, logró marcar en el minuto 76, estableciendo el marcador global de la eliminatoria en 3-1. ¿Eliminatoria abierta?

Cuatro minutos después, tuvo otra ocasión de oro, pero, cuando le llegó el centro de Riccardo Calafiori, Bukayo no pudo mantener la sangre fría y disparó por encima del larguero.

«¡NOOOOOOOOOO!», se lamentó Bukayo, incrédulo.

El encuentro acabó sin que se volviera a mover el marcador, y el Arsenal quedó eliminado de la Champions League.

Por suerte para Bukayo, no tuvo tiempo para lamentarse por su error de cara a puerta, porque, ahora, debían centrarse en la Premier, donde les quedaba una labor complicada. Con solo una victoria en sus últimos cinco partidos, sus perseguidores se estaban acercando peligrosamente. El Manchester City, el Newcastle y el Chelsea se habían colocado a tan solo cuatro puntos del segundo puesto, y, de repente, la plaza para la Champions League para la temporada siguiente estaba en peligro.

«¡Vamos, no podemos tirarlo todo por la borda!», les dijo Bukayo a sus compañeros antes del siguiente gran partido contra el Liverpool, a domicilio. Para entonces, los Reds ya se habían proclamado campeones de la Premier, pero, en lugar de tomarse las cosas con calma, se adelantaron rápidamente en el marcador con un par de goles.

El Arsenal estaba en serios problemas. Necesitaban darle la vuelta al partido enseguida, pero ¿cómo? ¡Jugando como equipo!

A principios de la segunda mitad, Gabriel Martinelli logró anotar de cabeza un centro de Leandro.

¡2-1!

«¡Vamooooooos!», gritó Bukayo, levantando los brazos al aire.

Veinte minutos después, Bukayo regateó desde la banda derecha y sirvió un balón a Martin para que rematara de un tremendo disparo. El portero del Liverpool logró desviarlo hacia el poste, pero el balón quedó suelto y Mikel marcó con un cabezazo en plancha.

¡2-2!

Tras comprobar enseguida que la bandera no estaba levantada por fuera de juego, Bukayo levantó el puño al aire con pasión. ¡Sí! El Arsenal había remontado brillantemente para conseguir un punto muy valioso. Ahora, si lograban vencer en casa a uno de sus rivales en su disputa por la Champions, el Newcastle, su plaza europea estaría asegurada a falta de un partido para acabar la liga…

Tras varias situaciones de riesgo que David Raya logró solventar con paradas extraordinarias, el Arsenal consiguió adelantarse en el minuto 55. La jugada comenzó con Bukayo, que recuperó el balón en la banda derecha y combinó con Martin, quien pasó la pelota a Declan con celeridad. El habilidoso centrocampista del Arsenal conectó un disparo imparable desde fuera del área y superó al portero.

¡1-0!

Después de 40 minutos, el Arsenal anotó el tanto definitivo que les garantizaba una nueva participación en la máxima competición europea. Ahora, faltaba por determinar en qué posición acabarían la competición liguera: ¿segundos, terceros o cuartos? Para descubrirlo, tendrían que esperar hasta el último día de la temporada…

ISAK: A POR LA CHAMPIONS

Tras la euforia de ganar la EFL Cup, Alexander y sus compañeros mantuvieron la racha ganadora en la Premier League durante el mes de abril.

Newcastle United 2-1 Brentford

Alexander abrió el marcador justo antes del descanso. Luego, Sandro Tonali sentenció el encuentro con un auténtico golazo.

¡Trabajo cumplido! ¡A por el siguiente partido!

Leicester City 0-3 Newcastle United

En esta ocasión, el héroe fue Jacob Murphy, quien marcó dos tantos en apenas 11 minutos, mientras que Harvey Barnes selló el tercero antes de llegar al descanso.

«¡Sí!», gritó Alexander mientras alzaba los brazos al cielo. Alexander no se caracteriza por ser un delantero egoísta que solo piensa en marcar goles; mientras su equipo siguiera ganando, no le importaba quién anotara los tantos…

Newcastle United 4-1 Manchester United

Alexander se quedó de nuevo sin ver puerta, pero fue una pieza clave para lograr la victoria.

Mediado el primer tiempo, bajó unos metros para recibir el pase de Kieran Trippier y, con un toque sutil, elevó el balón por encima de la defensa. Sandro apareció como un rayo y empalmó el balón de volea directo a la red. ¡1-0!

«¡Menudo golazo!», exclamó Alexander con una sonrisa enorme, antes de fundirse en un abrazo con su compañero frente a la hinchada.

Newcastle United 5-0 Crystal Palace

En una mágica noche de miércoles en St James' Park, el Newcastle volvió a ofrecer un recital. Jacob abrió la cuenta con un disparo desde un ángulo imposible. Minutos después, Marc Guéhi desvió un centro hacia su propia portería; Harvey culminó un contragolpe letal y Fabian Schär conectó de cabeza tras una jugada ensayada a balón parado... Y, para rematar la fiesta, ¡apareció Alexander para anotar el quinto tanto!

En el centro del campo, Joelinton luchó como un jabato para recuperar la pelota, y, cuando quedó suelta, el dorsal 14 del Newcastle reaccionó como un rayo. Sin pensárselo dos veces, disparó desde la frontal del área y sorprendió al guardameta rival. Como si fuera lo más sencillo del mundo.

¡Gooool del Newcastle!

«¡Os lo dedico!», exclamó Alexander mientras sonreía a sus compañeros. En esta ocasión, no quería quedarse al margen de la fiesta goleadora.

¡Impresionante! Tras cinco victorias consecutivas, el Newcastle se aupaba hasta el tercer puesto de la Premier y parecía imparable. Ahora, solo estaban a cuatro puntos del Arsenal, que marchaba segundo... ¡y todavía quedaban seis jornadas por disputarse!

La hinchada del Newcastle empezaba a saborear la clasificación para la Champions. Sin embargo, el Newcastle todavía no había sellado su billete para la máxima competición europea; quedaba trabajo por hacer y partidos por ganar.

Alexander firmó su gol número veintidós en liga en la victoria frente al Ipswich Town, y, después, anotó el vigésimo tercero para rescatar un empate *in extremis* en el campo del Brighton.

«¡Vamooooooos!», gritó Alexander, animando a sus compañeros mientras corrían hacia el círculo central. Pero el tiempo no alcanzó para buscar el triunfo.

Al final de una temporada larga y exigente, los héroes del Newcastle empezaban a quedarse sin fuerzas justo en el momento clave. Tras el empate frente al Brighton, el equipó sufrió dos derrotas dolorosas frente al Aston Villa y el Arsenal, y cayeron hasta la cuarta posición de la tabla. Su clasificación para la Champions ya no parecía tan clara.

¡Qué final de temporada más emocionante!

Cinco equipos peleaban por los últimos tres billetes a la Champions League, ¡con una diferencia de tan solo tres puntos! A falta de una última jornada por disputarse, la batalla por terminar entre los cinco primeros clasificados no se decidiría hasta el pitido final.

La buena noticia para el Newcastle era que disputaría su último partido en casa, en un St James' Park a reventar, ante un Everton instalado cómodamente en mitad de la tabla y, en teoría, sin demasiado por lo que luchar.

La mala noticia, sin embargo, era demoledora: tras perderse el choque contra el Arsenal por una lesión en la ingle, la participación de Alexander en la jornada final estaba en duda. ¡No, precisamente ahora y él, no!

«Todavía no ha podido entrenar con el grupo, pero ha mejorado mucho durante la semana. Aún cabe alguna posibilidad de que pueda jugar», declaró el entrenador Howe en la rueda de prensa previa al partido.

¿Una posibilidad? Bueno, algo es algo…

Cada jugador, cada miembro del cuerpo técnico y cada aficionado del Newcastle mantenía los dedos cruzados por Alexander. Nadie quería afrontar un partido tan decisivo sin su máximo goleador y delantero estrella…

Posición	Equipo	PJ	PG	PE	PP	Diferencia de goles	Puntos
1	**Liverpool (C)**	**37**	**25**	**8**	**4**	**45**	**83**
2	Arsenal	37	19	14	4	34	71
3	Manchester City	37	20	8	9	26	68
4	Newcastle	37	20	6	11	22	66
5	Chelsea	37	19	9	9	20	66
6	Aston Villa	37	19	9	9	9	66
7	Nottingham Forest	37	19	8	10	13	65

LA JORNADA FINAL

25 de mayo de 2025, 16:00 h

Liverpool-Crystal Palace (Anfield)

Southampton-Arsenal (St Mary's Stadium)

Newcastle-Everton (St James' Park)

ANFIELD

Aunque el Liverpool ya tenía asegurado el título de la Premier League, el equipo quería cerrar la temporada a lo grande.

Para el último partido, su entrenador, Arne Slot, alineó un equipo que ofrecía garantías totales, con Alisson y Virgil van Dijk en defensa, y Mo Salah, Luis Díaz y Cody Gakpo en ataque.

ST MARY'S STADIUM

Con la plaza para la Champions League ya asegurada, el entrenador del Arsenal, Mikel Arteta, decidió hacer algunos cambios en su equipo, sobre todo en la delantera. Ethan Nwaneri y Raheem Sterling salieron de titulares ante el Southampton, mientras que Bukayo Saka y Martin Ødegaard se quedaron en el banquillo.

ST JAMES' PARK

«Y con el número 14: ¡Alexander ISAAAAAAAAK!»

¡Genial!

¡Qué alivio! Finalmente, la estrella del Newcastle podría jugar contra el Everton. Ahora, la gran pregunta era: ¿podría llevar a su equipo a alcanzar la victoria y asegurar su billete para la Champions League?

ANFIELD, MINUTO 9

La afición local ansiaba que llegara pronto un gol para respirar más tranquila, pero, en cambio, fue el Crystal Palace quien sorprendió adelantándose en el marcador. Ismaïla Sarr se apoderó de un balón al borde del área y avanzó sin oposición.

Luego, colocó un disparo raso junto al palo.

¡0-1!

¡Menudo jarro de agua fría! No era el inicio que el Liverpool esperaba, justo el día en que iban a levantar el trofeo de la Premier League...

ST JAMES' PARK, MINUTO 31

Con el partido todavía sin goles y los nervios a flor de piel, el centrocampista del Newcastle, Sandro Tonali, decidió probar un disparo con efecto desde 30 metros. Jordan Pickford logró despejarlo, pero el balón salió hacia el borde del área pequeña, donde Alexander corrió como un rayo para llegar primero...

Oooooooooooooooh...

Pero el ángulo era demasiado cerrado y su remate fue atajado por Pickford.

No obstante, tal y como iban las cosas hasta ese momento en el resto de encuentros, un empate todavía era suficiente para que el Newcastle consiguiera clasificarse entre los cinco primeros...

ST MARY'S STADIUM, MINUTO 43

Tras una primera parte llena de ocasiones fallidas, el Arsenal por fin logró adelantarse ante el Southampton. Su lateral derecho, Ben White, envió un centro raso al área pequeña y, para sorpresa de todos, apareció otro defensor, Kieran Tierney, para marcar.

¡0-1!

«¡Goool!», exclamó Bukayo saltando del banquillo. Estaba decidido a que el Arsenal cerrara la temporada con una victoria.

ST MARY'S STADIUM, MINUTO 56

Sin embargo, al inicio de la segunda mitad, el Arsenal se relajó, y el Southampton supo aprovecharlo. Ross Stewart cabeceó el balón al fondo de la red para empatar. ¡1-1!

Arteta se lamentó desde la banda. No le gustaba cómo estaba jugando su equipo y decidió que era el momento de una doble sustitución... Leandro Trossard entró por Kieran, y Bukayo, por Raheem. ¿Sería capaz Bukayo de decidir el partido viniendo del banquillo?

ST JAMES' PARK, MINUTO 65

Por fin llegó el gol en St James' Park, pero lamentablemente no eran buenas noticias para el Newcastle. Desde su posición en la línea de ataque, Alexander solo pudo mirar horrorizado cómo el delantero del Everton, Carlos Alcaraz, saltaba y cabeceaba un centro que se colaba al fondo de la portería.

¡0-1!

¡Qué desastre! Con el Manchester City y el Chelsea imponiéndose en sus respectivos partidos y el Aston Villa empatando, el Newcastle se quedaba fuera de los puestos que daban acceso a la Champions League. Alexander y sus compañeros tenían mucho trabajo por delante…

ANFIELD, MINUTO 68

A pesar de algunos destellos de magia de Mo Salah, el Liverpool seguía atascado frente al Crystal Palace, y la tarea se volvió mucho más difícil cuando el centrocampista defensivo Ryan Gravenberch recibió la segunda amarilla y fue expulsado. Pero, incluso con 10 hombres, el Liverpool no iba a rendirse hasta que sonara el pitido final.

ST JAMES' PARK, MINUTO 73

Y el Newcastle no iba a ser menos. Kieran Trippier sirvió un córner al segundo palo, donde Alexander, completamente solo, esperaba para enganchar el balón de volea.

Oooooooooooooooh…

Su disparo salió por encima del larguero. Esas ocasiones eran las que Alexander solía mandar a la red cuando estaba en plena forma. Sin duda, la molestia en la ingle estaba afectando a su rendimiento.

Sin embargo, cinco minutos después, St James' Park rugió de alegría, ya que el Aston Villa encajó un gol frente al Manchester United, lo que significaba que el Newcastle volvía a ascender a la quinta posición. ¿Podrían mantenerla hasta el final de la jornada?

ANFIELD, MINUTO 84

¿Sufriría el Liverpool su quinta derrota de la temporada precisamente en la última jornada? ¡Imposible! Con el tiempo corriendo en su contra, Darwin Núñez envió un centro profundo a Cody, quien cabeceó el balón para que Mo lo rematara a la red y empatara el partido. ¡1-1!

¡Goooool del Liverpool!

«¡Vamoooooos!», rugió Mo, apretando los puños frente a los aficionados antes de coger el balón y regresar al círculo central. El equipo ahora iba a por la victoria.

ST MARY'S STADIUM, MINUTO 89

En Southampton, la presión del Arsenal finalmente dio sus frutos. A escasos segundos del final, su capitán, Martin Ødegaard, condujo el balón por el borde del área y disparó con efecto al rincón inferior de la portería. ¡1-2!

Bukayo lo celebró levantando ambos brazos al aire. ¡Misión cumplida! El Arsenal cerraba la temporada de la Premier League con una victoria y aseguraba el segundo puesto por tercer año consecutivo.

ST JAMES' PARK, MINUTO 95

Tras el final de la jornada y pese a una derrota decepcionante, el Newcastle lo había logrado: ¡su quinto puesto final les aseguraba la siguiente participación en la Champions!

Tras el pitido final, llegó el momento de comenzar la fiesta en St James' Park. Alexander y sus compañeros bailaron juntos por el campo mientras sonaba el famoso himno de la Champions League.

ANFIELD, MINUTO 96

El Liverpool acabó empatando su encuentro, pero ya tenía asegurado su título de la Premier League. ¡Y, por fin, era momento de levantar el preciado trofeo!

¡Campeones, campeones! Como capitán, Virgil van Dijk tuvo el honor de levantar el trofeo, pero Mo estaba justo detrás de él en el podio, y su oportunidad no tardó en llegar. Tras darle un beso al trofeo, lo levantó en alto para que los 60.000 aficionados locales lo contemplaran. ¡Qué satisfacción, y qué temporada!

Más tarde, durante la celebración del título, los jugadores del Liverpool retiraron la corona de la cima del trofeo, y ¿adivina a quién se la entregaron? Sí, a Mo, su increíble rey de Egipto.

Posición	Equipo	PJ	PG	PE	PP	Diferencia de goles	Puntos
1	**Liverpool (C)**	**38**	**25**	**9**	**4**	**45**	**84**
2	Arsenal	38	20	14	4	35	74
3	Manchester City	38	21	8	9	28	71
4	Chelsea	38	20	9	9	21	69
5	Newcastle	38	20	6	12	21	66
6	Aston Villa	38	19	9	10	7	66
7	Nottingham Forest	38	19	8	11	12	65

LOS CINCO MEJORES JUGADORES JÓVENES

Pocas cosas generan tanta expectación en el fútbol como asistir a la irrupción de una joven promesa. Impulsados por la energía de la juventud, estos cinco jugadores no dejaron pasar su oportunidad... ¡y la convirtieron en su gran carrera hacia la gloria!

1 AGGIE BEEVER-JONES

Beever-Jones comenzó la temporada 2024-25 debutando con la selección inglesa en un amistoso que terminó con victoria 2-1 frente a la República de Irlanda. La cerró con el triplete doméstico, siendo la máxima goleadora del Chelsea y con el galardón de Mejor Jugadora Joven de la Temporada en los Women's Football Awards.

¡Ah! Además, marcó su primer gol con Inglaterra.

La temporada 2023-24 pudo ser la de su irrupción, pero fue en la 2024-25 cuando Beever-Jones demostró que podía medirse con las mejores.

«Estoy jugando con una sonrisa en la cara, que es lo más importante», afirmó la canterana del Chelsea.

Y todo apunta a que esa sonrisa seguirá creciendo: esta estrella emergente parece destinada a brillar cada vez con más fuerza.

2 MYLES LEWIS-SKELLY

Durante el bronco partido que remató con empate a dos entre el Arsenal y el Manchester City en septiembre de 2024, el letal delantero del City, Erling Haaland, se topó con el joven suplente del Arsenal Lewis-Skelly. «¿Y tú quién eres?», se burló Haaland del chico de diecisiete años. Lewis-Skelly no tardó en asegurarse de que todo el mundo supiera quién era.

Más tarde, al entrar de suplente para hacer su debut en la Premier League, Lewis-Skelly se adueñó rápidamente del lateral izquierdo del Arsenal… ¡a pesar de ser centrocampista! Sereno, seguro y con gran inteligencia, sus llamativas actuaciones tuvieron recompensa: la primera convocatoria con la selección absoluta de Inglaterra… y un gol en su debut internacional.

«Jugar como lo hace a sus dieciocho años es simplemente increíble», declaró entusiasmado el centrocampista del Arsenal y de Inglaterra, Declan Rice.

3 DEAN HUIJSEN

Aterrizar en la Premier League en contra de tus deseos puede resultar estresante. Pero el Bournemouth pronto descubrió que su nuevo central era simplemente un tipo tranquilo.

Sí, Huijsen llegó procedente de la Juventus (donde solo había disputado un partido) en el verano de 2024, porque el club italiano necesitaba recaudar dinero. Muy pronto, el conjunto italiano empezó a arrepentirse…

En diciembre, Huijsen ya era el central titular del Bournemouth.

En marzo, ya había logrado su primera convocatoria con la selección absoluta de España.

En mayo, fue galardonado como Jugador de la Temporada del Bournemouth, nada sorprendente si se tiene en cuenta que realizó más cortes, conducciones progresivas y pases largos que cualquier otro jugador sub-21 de las cinco grandes ligas europeas.

En el transcurso de una sola temporada, Huijsen cuadruplicó su valor, y el Real Madrid desembolsó la astronómica cifra de 60 millones de euros por su fichaje. En la Juventus siguen tirándose de los pelos…

4 LAMINE YAMAL

Hay una foto que data de 2007 en la que Lamine Yamal, todavía bebé, es sostenido por un Lionel Messi de veinte años. ¿Estaba Yamal destinado a seguir los pasos de uno de los jugadores más grandes de la historia? Sin duda, con cada partido que juega, esa foto parece cada vez más una profecía. ¿Estaba Messi eligiendo al jugador que continuaría su legado como el GOAT? Muy posiblemente.

Parece increíble que Lamine Yamal no cumpliera dieciocho años hasta julio de 2025. A los diecisiete, se supone que un jugador no puede hacer lo que Yamal era capaz de hacer.

Se escabullía de cualquier jugador, aceleraba y dejaba sentadas a las defensas contrarias y colocaba sus remates en las escuadras (¡y qué decir de los golazos que firmó contra el Inter de Milán y el Benfica!).

Sin Yamal en el equipo, que se perdió varias semanas por lesión, el Barcelona no logró ganar ningún partido de liga. Hacía mucho tiempo que un jugador tan joven no se convertía en una pieza tan importante para un equipo de tanto nivel...

5 DÉSIRÉ DOUÉ

Doué se hizo un nombre rápidamente en París.

Ya había destacado en el Rennes, con 13 aportaciones de gol en 57 partidos de la Ligue 1, lo que llevó a su excompañero Djed Spence a decir de él: «No hay duda de que es como la reencarnación de Neymar».

En cuanto a su talento ofensivo, Spence tenía razón. Mientras algunos corrían, Doué flotaba sobre el campo. Con el balón en los pies, jugaba con una soltura que no se veía desde que el *crack* brasileño brillara en el PSG.

En cambio, en la faceta defensiva eran muy diferentes. Mientras Neymar dejaba el trabajo sucio a sus compañeros, Doué se implicaba como el que más. En su temporada de debut en la Ligue 1 con el PSG, sumó 14 aportaciones de gol, pero guardó lo mejor para la Champions League: cinco goles, cuatro asistencias y una actuación memorable en la final.

WOMEN'S SUPER LEAGUE

INTRODUCCIÓN

Una nueva temporada de la Women's Super League (WSL) empezó en septiembre de 2024 con un pronóstico abierto. El Chelsea había ganado el título en las cinco temporadas anteriores, pero, tras doce años, su legendaria entrenadora Emma Hayes se había marchado para hacerse cargo de la selección femenina de Estados Unidos. ¿Mantendrían las Blues su hegemonía bajo la batuta de la nueva entrenadora Sonia Bompastor? Nadie lo tenía muy claro.

Las rivales del Chelsea hacían cola para arrebatarle la corona. La temporada pasada, el Manchester City había presionado al Chelsea hasta el final, perdiendo el título por la diferencia de goles en una dolorosa última jornada. Por si fuera poco, el City había fichado a la máxima goleadora de la liga procedente del Arsenal a coste cero. ¿Sería Vivianne Miedema la jugadora que llevara al City a lo más alto?

La salida de Viv había dejado a los aficionados del Arsenal furiosos. Ahora, sus esperanzas de título descansaban en su sustituta, llegada desde el Barcelona. ¿Podría la brillante Mariona Caldentey transformar a las Gunners en aspirantes a varios títulos?

El Manchester United no quería quedarse atrás en la lucha por el título. Aunque había fichado a prometedoras jugadoras, tanto la portera estrella Mary Earps como la capitana Katie Zelem se habían marchado al extranjero, dejando un hueco difícil de cubrir. ¿Podrían escalar posiciones en la tabla sin dos de sus mejores jugadoras?

Por lo tanto, ¿ganaría el Chelsea su sexto título consecutivo de la WSL, o podría el Manchester City, el Arsenal, el Manchester United o algún otro equipo destronarlas? A continuación, repasamos cómo se desarrolló la temporada desde la perspectiva de dos de las jóvenes estrellas más destacadas: Lucy Bronze y Alessia Russo.

CAPÍTULO UNO

LUCY BRONZE: TODO CAMBIA EN EL CHELSEA

Lucy Bronze pulsó sobre el mensaje que apareció en la pantalla de su teléfono. Era una foto del impecable vestuario del Chelsea en el Cobham Training Centre, acompañada del texto: «¡Te he guardado un sitio! LJ». Lucy sonrió. El mensaje era de su compañera en la selección inglesa, Lauren James. Su amistad se remontaba a la primera concentración de Lauren con la selección. Lucy había ayudado a Lauren a comprender lo que significaba jugar con la selección... Ella había vivido antes la misma experiencia, y sabía cómo se sentía Lauren.

Ahora, le tocaba a Lauren ayudar a Lucy a asentarse en su nuevo club, el Chelsea. Al llegar al aparcamiento de Cobham, Lucy sintió una mezcla de emoción y nervios, las mismas sensaciones que le invadían cada vez que se unía a un nuevo club.

Le parecía como si solo hubieran pasado un par de minutos desde que había llegado al Barcelona, donde Lucy había cosechado siete trofeos más para su increíble colección de títulos. Sus dos temporadas en España habían sido sensacionales, pero Lucy había decidido que era hora de regresar a Inglaterra.

Ahora, tenía nuevos objetivos. Hasta el momento, había ganado la Champions League con el Barça y el Lyon, pero nunca con un club inglés... y eso sería algo realmente especial. Un cuarto título de la WSL también estaba en su lista. Lucy tuvo claro cuál sería su siguiente paso en su carrera: estaba segura de que podría aumentar su nómina de trofeos con el Chelsea.

Lucy no era la única que iniciaba una nueva etapa. Al final de la temporada 2023-24, el Chelsea se despidió con tristeza de su entrenadora Emma Hayes. Emma había sido, sin duda, la mejor entrenadora en la historia del club, llevando a su equipo a lograr siete títulos de liga y cinco FA Cups. El único trofeo importante que se le había resistido era la Champions League femenina.

La nueva entrenadora, Sonia Bompastor, contaba con dos títulos de Champions League, ganados como jugadora y como técnica con el Lyon. Ahora, esperaba lograr su tercer título con el Chelsea.

El problema era que, de toda la talentosa plantilla del Chelsea, solo Cat Macario tenía un título de Champions. Sonia iba a necesitar algunos fichajes estratégicos: jugadoras con experiencia, pasión y mentalidad ganadora. ¡Y Lucy encarnaba las tres cualidades!

El acuerdo se cerró en treinta segundos. Lucy ansiaba volver a trabajar con Sonia, su antigua entrenadora en el Lyon.

Y, antes de que se dieran cuenta, había llegado el primer día de entrenamiento de pretemporada. La capitana Millie Bright recibió a Lucy con un enérgico choque de manos en el vestuario.

«¡Bienvenida al Chelsea! Todas estamos emocionadas de tenerte aquí».

Millie hablaba en serio. Sabía, por los años que habían compartido en la selección, que Lucy era una ganadora nata y una gran líder. ¡Era un fichaje estupendo!

La primera sesión de entrenamiento de Sonia marcó el listón de exigencia desde el principio. Cualquier jugadora que pensara que podía relajarse, aunque fuera un segundo, corría el riesgo de no ser convocada. Lucy disfrutó de cada minuto, sobre todo cuando se trataba de recuperar el balón frente a algunas de las jugadoras mucho más jóvenes.

«¿Nunca bajas el ritmo?», jadeaban.

La respuesta era no. Lucy siempre se esforzaba al máximo, desde que era una niña.

Cuando llegaron los primeros partidos de la WSL, las jugadoras se sentían listas para conquistar el mundo. El Chelsea comenzó en casa contra un sólido Aston Villa. Viernes por la noche bajo las luces de Kingsmeadow; ¡qué manera de empezar la temporada!

Ambos equipos gozaron de ocasiones para abrir el marcador durante una intensa primera mitad. Lucy estuvo cerca de marcar en su debut, pero su cabezazo tras un córner fue detenido por la portera del Villa, Sabrina D'Angelo. ¡Qué mala suerte! Poco después, el Chelsea por fin logró adelantarse. El sutil disparo con efecto de Johanna Rytting Kaneryd resultó decisivo y terminó siendo el gol del partido. ¡Tres puntos y la primera posición de la WSL para el Chelsea!

Lucy logró su primer gol con las Blues en el partido siguiente, cuando el Chelsea aplastó 7-0 al Crystal Palace. La joven delantera Aggie Beever-Jones ya había puesto al Chelsea por delante, y Lucy duplicó la ventaja en Selhurst Park.

Con el Chelsea aumentando la presión, una defensa del Palace solo pudo despejar a medias el balón, que llegó a las botas de Lucy. Su disparo se coló por la escuadra superior izquierda, ¡con una frialdad impresionante!

«¡Vamos!», celebró Lucy con el puño al aire mientras sus compañeras la abrazaban.

«¡Ya ves lo que pasa cuando estás conmigo!», bromeó Lauren. ¡LJ era la reina de los remates fríos como el hielo!

Tras 60 minutos y con el partido totalmente controlado por parte del Chelsea, el debut de Lucy estaba completo. Entraron piernas frescas al campo para cerrar el encuentro, y, entonces, se desató la fiesta de goles. Lauren también anotó su primer tanto de la temporada, antes de que tres estrellas más del Chelsea se sumaran a la fiesta: Guro Reiten (dos veces), Nathalie Björn y Cat Macario.

Resultado final: Chelsea 7-0 Crystal Palace. ¡Era una victoria descomunal! Además, ¡Lucy había disfrutado de un debut soñado en Londres!

CAPÍTULO DOS

ALESSIA RUSSO: NUEVAS METAS

Mientras tanto, al otro lado de la capital inglesa, Alessia Russo se preparaba para su segunda temporada en el Arsenal. La primera había sido bastante buena, pues había sido la máxima goleadora del club y habían ganado la Copa de la Liga. Pero tanto Alessia como los aficionados querían más: más buenas actuaciones, más goles y más trofeos. Con Vivianne Miedema fuera del Arsenal, la presión goleadora recaía sobre los hombros de Alessia.

«¡Estoy lista para dar un paso al frente!», prometió sin dudar a los aficionados.

A pesar de la marcha de Viv, había muchas razones para ser optimistas de cara a la nueva temporada. Entre los recientes fichajes del Arsenal destacaban la portera internacional holandesa

Daphne van Domselaar y la veloz delantera Mariona Caldentey. En los entrenamientos de pretemporada, ambas se integraron a la perfección en la plantilla.

Alessia estaba encantada de entrenar junto a Mariona. La jugadora española podía marcar y asistir, y era capaz de crear ocasiones de la nada. ¡No es de extrañar que la apodaran Super Mario!

La temporada del Arsenal comenzó con dos partidos de clasificación para la Champions League que se saldaron con sendas victorias. Alessia había sido titular en ambos encuentros, pero empezó en el banquillo el primer partido de la WSL, un complicado duelo contra su rival, el Manchester City. En su lugar, el entrenador Jonas Eidevall eligió a Stina Blackstenius para liderar el ataque.

Alessia se mantenía positiva, cruzando los dedos para tener algunos minutos en el enorme Emirates Stadium.

Un potente disparo de Frida Maanum hizo que Alessia saltara del banquillo, pero el City empató antes del descanso. De hecho, fue la exjugadora del Arsenal Vivianne Miedema quien logró el tanto. ¡Noooooooo!

El partido prosiguió con el Arsenal desplegando un buen juego ofensivo.

Así que, cuando el City se adelantó gracias a la volea de media altura de Jess Park justo antes de la hora de juego, el público del Emirates enmudeció.

¡Había llegado la hora de reaccionar! Pocos minutos después, saltaron al campo Alessia y Beth Mead. ¿Serían capaces de liderar la remontada? Lo intentarían con todas sus fuerzas.

A falta de 15 minutos, Alessia se plantó sola ante la portería, pero su sutil toque fue atajado por la portera del City, Yamashita.

Alessia gritó, frustrada. No solía malograr esas ocasiones. Regresó a su posición, echando una mirada hacia Jonas, quien permanecía en la banda, con los brazos cruzados. Alessia tendría que hacerlo mejor.

Su siguiente disparo fue más peligroso, pero aun así no bastó para inquietar a Yamashita. Jonas siguió en silencio, mientras Alessia se mostraba un tanto desesperada.

Y, entonces, llegó el empate... El disparo de Rosa Kafaji se estrelló en el poste, pero Beth estaba en el lugar perfecto para aprovechar el rechace y mandar el balón al fondo de la red.

¡Goool del Arsenal!

Alessia suspiró, aliviada.

El partido terminó 2-2. El Arsenal había salvado un punto, pero el equipo se fue con la sensación amarga de haber dejado escapar dos puntos en casa.

En jornadas posteriores, llegó una ajustada victoria a domicilio ante el Leicester City, seguida de un empate sin brillo contra el Everton en el Emirates. ¿Dónde había quedado el fútbol fluido y vistoso que tanto gustaba a la afición? El equipo parecía agarrotado y las jugadoras transmitían falta de confianza.

La Champions League supuso un mazazo todavía más duro, al caer derrotadas por 5-2 en Múnich frente al Bayern. El Arsenal tocaba fondo y Alessia seguía relegada al banquillo.

La frustración aumentó en el siguiente compromiso, esta vez en casa ante el vigente campeón, el Chelsea, y con otro lleno en el Emirates.

El Chelsea encarriló el partido con los goles en la primera parte de Mayra Ramírez y Sandy, mientras las quejas crecían en la grada. Y, aunque Caitlin Foord recortó distancias antes del descanso, el Chelsea supo amarrar la victoria.

Al sonar el pitido final, los abucheos retumbaron en el estadio. ¿Qué estaba pasando? ¡La afición del Arsenal nunca silbaba a su equipo!

Alessia podía haber intentado aislarse, pero la afición tenía todo el derecho a mostrar su descontento... El Arsenal llevaba toda la temporada siendo una sombra de sí mismo.

Con los ánimos por los suelos, las jugadoras lloraron desconsoladas. Dos puntos de seis posibles. Todas sabían lo que significaba... ganar la WSL era ya prácticamente una quimera, sobre todo con un Chelsea intratable.

Poco después de la derrota, las pancartas y pintadas de los aficionados con el lema «JONAS FUERA» acabaron forzando la salida de Jonas Eidevall, quien presentó su dimisión antes de ser destituido.

El golpe fue duro para Alessia y sus compañeras. Los resultados no habían acompañado, pero dolía ver marcharse al técnico en esas circunstancias. Alessia siempre le estaría agradecida a Jonas por haberla traído al Arsenal.

La noche en que se confirmó la noticia, a Alessia le resultó imposible dormir. Las preguntas no dejaban de darle vueltas en la cabeza: ¿Quién será el nuevo entrenador? ¿Qué estilo de fútbol querría implantar? ¿Mantendré mi sitio en el equipo?

Cerca de la medianoche, Alessia decidió llamar a su agente. No importaba la hora; Luca no solo era su representante, también era su hermano. Y, como era de esperar, contestó al instante.

«Sé que esta temporada todavía no he mostrado mi mejor nivel, pero el nuevo entrenador me dará una oportunidad, ¿no?», preguntó con inquietud.

«Tú concéntrate en lo que está en tus manos: trabaja duro en los entrenamientos, descansa, aliméntate bien. Olvídate del resto. Ya verás cómo pronto vuelves a reencontrarte con el gol», le aconsejó Luca.

Luca confiaba al ciento por ciento en su hermana.

Alessia colgó mucho más animada. Tener a tu hermano mayor como representante es una suerte.

CAPÍTULO TRES

LUCY BRONZE: SUPERPODEROSA

Cuando llegó el parón invernal, el Chelsea ya había abierto una brecha de seis puntos en lo más alto de la tabla y se mantenía invicto.

Por detrás, la lucha por los otros dos puestos de Champions se intensificaba: el Manchester City, en segunda posición, sufría con las lesiones, mientras que el Arsenal peleaba por recuperar terreno y se situaba tercero en la clasificación.

Posición	Equipo	PJ	PG	PE	PP	Puntos
1	**Chelsea**	**10**	**9**	**1**	**0**	**28**
2	Manchester City	10	7	1	2	22
3	Arsenal	10	6	3	1	21
4	Manchester United	10	6	3	1	21
5	Brighton	10	5	2	3	17

El Chelsea parecía invencible y, por si fuera poco, reforzaron aún más su plantilla con la incorporación de la defensora estadounidense Naomi Girma por una cifra récord, y de Keira Walsh, talentosa centrocampista y compañera de Lucy en Inglaterra, en el Barcelona y en el Manchester City. Con estas dos nuevas jugadoras de primer nivel, el Chelsea sumaba todavía más calidad a su ya de por sí potente equipo.

El Chelsea continuó con su racha de victorias en enero: derrotaron con claridad al Charlton en la FA Cup y, luego, arrollaron al West Ham United a domicilio en la WSL.

Después, llegó una importante victoria en un derbi londinense, que mantuvo al Chelsea invicto, mientras que la racha positiva del Arsenal con la nueva entrenadora Renée Slegers llegó a su fin. En un partido muy igualado, la suplente Lauren James, recién recuperada de una larga lesión, marcó la diferencia en el minuto 84. Lauren se preparaba para disparar cuando la capitana del Arsenal, Kim Little, estiró la pierna y desequilibró a la jugadora del Chelsea. ¡Penalti! El árbitro no dudó ni un instante.

Lucy ayudó a Lauren a levantarse antes de que Guro Reiten anotara el penalti de la victoria al superar por alto a la portera

Daphne van Domselaar. Con la victoria, el Chelsea se colocaba nueve puntos por delante en la WSL. ¡Ya tenían medio título en el bolsillo!

Y no solo lideraban la liga: el Chelsea también avanzaba con paso firme en las competiciones de copa, manteniendo viva la ilusión de ganar los cuatro trofeos de la temporada. ¿Una tarea imposible? Lucy no tenía la menor duda de poder lograrlo.

Desde pequeña, Lucy siempre supo que era diferente. Tenía dificultades con la lectura y la ortografía, algo que sus profesores atribuyeron a la dislexia. Dormirse por la noche también era un reto constante. Y, luego, estaba el fútbol... Mientras otros niños jugaban por diversión, Lucy estaba totalmente obsesionada. ¡Habría entrenado mañana, tarde y noche si le hubieran dejado!

No fue hasta que ya era adulta, justo antes de ganar la EURO con Inglaterra, cuando le diagnosticaron TDAH y autismo. Eso la ayudó a conocerse mejor. Por fin, comprendió por qué siempre le costaba mantener contacto visual, por qué no disfrutaba de los abrazos y por qué necesitaba hacerlo todo tan rápido.

Saber que era autista no cambió su vida, pero se dio cuenta de que no tenía que esforzarse tanto por ser como los demás.

«Lucy es Lucy», coincidían sus compañeras. Sus diferencias eran lo que la hacía tan especial.

En marzo de 2025, Lucy decidió hacer pública su historia. Quería mostrar a los demás que ser autista no era algo que debiera ocultarse, sino una condición que ayudaba a Lucy a su enorme concentración y a mantener viva su pasión por el fútbol. «¡Mi autismo es mi superpoder!», explicó con orgullo.

Ese mismo mes, tuvo que hacer frente a una prueba de fuego. En un curioso cúmulo de partidos, el Chelsea debió enfrentarse al Manchester City cuatro veces seguidas: en la final de la Copa de la Liga, dos veces en los cuartos de final de la Champions League y, por último, a domicilio en la WSL.

«¡Vamos a acabar hartas del City!», bromeó Lucy.

«¡A por ellas!», dijo Millie. La capitana del Chelsea siempre estaba lista para asumir los desafíos más duros.

Comenzaron el carrusel de encuentros con un gran partido: una visita a Wembley para disputar la primera final de Sonia y la oportunidad de ganar un trofeo, la Copa de la Liga. El City no contaba con las internacionales Lauren Hemp y Alex Greenwood, ambas lesionadas de larga duración. Pero, con las insaciables Bunny Shaw y Vivianne Miedema en ataque, todavía conservaban mucho talento.

Con las gradas llenas de aficionados que no paraban de animar, Mayra Ramírez logró adelantar al Chelsea. ¡1-0!

No obstante, el City estaba desplegando un buen juego. El Chelsea tenía que mantener su concentración.

«Si perdemos la concentración, aunque sea un segundo, Shaw o Miedema no dudarán en sacar tajada», advirtió Lucy a sus compañeras.

Sin embargo, fue otra estrella del City, Aoba Fujino, quien logró el empate gracias a un disparo certero tras una bonita jugada. A la portera Hannah Hampton le resultó imposible atajar el lanzamiento.

Momentos después, el City estuvo a punto de adelantarse en el marcador tras un robo de balón de Mary Fowler a Lucy en el borde del área. Cuando Fujino cedió el balón a Shaw, la máxima goleadora de la liga se quedó mano a mano frente a la portera rival.

«¡Sal!», le gritó Lucy a Hannah. La portera del Chelsea reaccionó y realizó una parada sensacional estirando una pierna.

«¡Has arreglado mi error!», exclamó Lucy con alivio.

A continuación, saltaron al terreno de juego Aggie y Maika Hamano para revolucionar el partido. Poco después, Aggie envió un balón a Mayra en la banda derecha, quien centró hacia el área pequeña.

Con Maika lista para rematar, la jugadora del City Hasegawa desvió el balón hacia su propia portería. ¡Goool! ¡Los cambios de Sonia habían dado sus frutos al instante!

Lucy sonrió. Eso era lo que hacía a ese equipo imparable: cualquiera que saliera del campo era reemplazada por otra compañera igual de talentosa y comprometida.

El Chelsea ganó con un ajustado 2-1 y levantó su primer trofeo de la temporada.

«¡Ya tenemos el primero; nos quedan tres más!», dijo Lucy con una sonrisa radiante mientras sostenía el trofeo de la Copa de la Liga.

El segundo partido contra el City bajó de las nubes al Chelsea de golpe. Dos goles de Miedema dieron la victoria al City, dejando las esperanzas del Chelsea por alzarse con la Champions League colgando de un hilo. La primera derrota de la temporada dolió, pero Lucy mantuvo la calma. Con la vuelta aún por jugarse, todavía quedaba mucha eliminatoria.

«Tenemos jugadoras que ven puerta con facilidad. Cuando jugamos a nuestro mejor nivel, podemos ganar a cualquier equipo», declaró Lucy.

Los dos conjuntos volvieron a verse las caras por tercera vez en un encuentro de la WSL en el Etihad. Tras el increíble gol de jugada personal de Kerolin, que adelantó al City, el Chelsea podría haberse venido abajo. En cambio, el equipo acabó llevándose una crucial victoria gracias a los goles de Aggie y de Erin Cuthbert, este último producto de un cabezazo en plancha en el tiempo de descuento.

Parecía que el Chelsea siempre encontraba la forma de ganar. Y no solo habían dado un paso de gigante hacia la defensa del título de la WSL, sino que la victoria hizo creer a todo el equipo que podían remontar en la vuelta de la Champions League.

El cuarto y último duelo contra el City fue el más importante de todos. La Champions era el gran sueño de Sonia y de sus jugadoras. ¿0-2 abajo? No había problema... El Chelsea estaba preparado para afrontar la gesta de la remontada.

El Chelsea arrancó el partido con una asfixiante presión. Lucy protagonizó la primera ocasión de peligro cuando su internada en el área acabó con un disparo contra el poste. En la siguiente jugada, su otra extremo estrella cazó un rechace y mandó el esférico al fondo de la red.

«¡Gol de Baltimore! ¡Ya tenemos uno!», rugió el comentarista.

Con el City contra las cuerdas, Nathalie Björn marcó de cabeza el segundo tanto con el que se igualaba la eliminatoria, y, poco después, Mayra se lanzó al suelo para empujar el tercero antes del descanso.

¡3-0! ¡El Chelsea volvía a soñar con la Champions!

Un aturdido City no logró encontrar la forma de reaccionar. El Chelsea se mostró intratable.

«¡Vamos!», gritó Lucy cuando sonó el pitido final.

El poderoso Barcelona esperaba al Chelsea en semifinales, pero Lucy no parecía muy preocupada...

«¡Cualquier rival menos el City!», manifestó Lucy, en consonancia con el resto de sus compañeras.

Todas estaban felices de pasar la página de la épica batalla de cuatro partidos.

CAPÍTULO CUATRO

ALESSIA RUSSO: LA INCREÍBLE RACHA DE RENÉE

Mientras el Arsenal iniciaba la búsqueda de un nuevo entrenador, la segunda entrenadora, Renée Slegers, asumió el mando del primer equipo. Apenas un par de años mayor que la capitana del equipo, Kim Little, una lesión había truncado la carrera de Renée como futbolista. Fue entonces cuando decidió probar suerte en los banquillos.

Las jugadoras estaban encantadas con la decisión. Conocían y respetaban a Renée, y, con una serie de partidos importantes por delante, agradecían que asumiera la responsabilidad de dirigir al equipo.

Los entrenamientos con la nueva entrenadora eran exigentes, pero algo empezó a cambiar. Las tácticas de Renée no eran tan rígidas: animaba a las chicas del Arsenal a jugar con más libertad. En poco tiempo, las sonrisas volvieron a los rostros de las jugadoras, más encorsetadas bajo la dirección de Jonas.

Tras entrenar tan duro como siempre, Alessia esperaba con nervios a que Renée anunciara su primera alineación. ¿Se habría hecho merecedora de un puesto en el once inicial? ¡Sí! ¡Con el 23, RUSSO! Ahora, tocaba devolver a la entrenadora la confianza depositada en ella.

El primer reto era enorme: un partido de Champions en casa contra las campeonas suecas del Vålerenga.

«Sabemos lo que tenemos que hacer. La única manera de ganar es jugar como un equipo», manifestó Renée en la charla antes del partido.

Alessia estaba totalmente de acuerdo con su entrenadora.

Un gol de la defensora Emily Fox cuando apenas había pasado un minuto de juego propició el inicio soñado para Renée. Fue el impulso de confianza que el equipo necesitaba. Caitlin marcó un nuevo tanto gracias a un trallazo a la escuadra tras un rechace.

Sin embargo, poco después, las visitantes recortaron distancias.

«¡No podemos desconectarnos así! Ni un error más», advirtió Kim a su equipo.

En el frente de ataque, Alessia buscaba con desesperación el tercer gol del Arsenal, pero la portera del Vålerenga lograba atajar todos sus disparos.

«¡Casi! Sigue intentándolo», la animó Renée.

A Renée no le importaba que Alessia fallara una, dos o incluso tres ocasiones. Sabía que, si su delantera estrella mantenía la confianza, tarde o temprano vería portería.

¡Y así fue! Con el Arsenal ya por delante 3-1 gracias a Mariona, Alessia cazó otro gran pase de la estrella española y, con la zurda, coló el balón entre las piernas de la portera para firmar el cuarto. ¡Vaya manera de impresionar a su nueva entrenadora! Alessia sonrió, sintiendo cómo se quitaba un enorme peso de encima.

«¡Esa es mi chica!», la felicitó Leah Williamson.

La afición no paraba de corear su nombre tras el pitido final. Alessia aplaudió a la grada como muestra de gratitud.

La victoria contra el Vålerenga puso fin a la mala racha del Arsenal. De regreso a la WSL, el conjunto londinense ganó a domicilio al West Ham y, luego, firmó un buen partido fuera de casa contra el Manchester United, con Alessia marcando su primer gol liguero de la temporada.

«¿Cómo has podido hacerme esto, Less?», bromeó Ella Toone después. No hacía tanto que ambas amigas jugaban juntas en el mismo equipo.

Alessia se encogió de hombros, como pidiendo perdón...

Después, llegó una gran victoria en casa: el Arsenal brilló bajo los focos del Emirates y le endosó cinco goles a un Brighton que estaba en plena forma. Y el festival de goles continuó: pocos días después, ¡arrasaron a la Juventus 0-4 a domicilio en la Champions!

La racha triunfal del Arsenal a las órdenes de Renée se prolongaba mientras los partidos se sucedían sin respiro. El esfuerzo de Alessia en los entrenamientos empezaba a dar sus frutos: no paraba de brillar en cada encuentro.

Tottenham Hotspur 0-3 Arsenal, abriendo el marcador en el derbi del norte de Londres.

Arsenal 1-0 Juventus, con una asistencia de gol.

Arsenal 4-0 Aston Villa, con su primer doblete de la temporada.

Vålerenga 1-3 Arsenal, ¡firmando otro doblete!

Liverpool 0-1 Arsenal, con Alessia marcando el único gol del partido, que le dio la victoria a su equipo.

Arsenal 3-2 Bayern Múnich, con un nuevo tanto y siendo reconocida con el premio a la Jugadora del Partido.

¡Impresionante! Alessia estaba en un momento de forma espectacular. Con Jonas, solo había logrado un gol en toda la temporada, pero, a las órdenes de Renée, había conseguido mostrar su mejor juego y ya llevaba 11 tantos. ¡Qué cambio!

El Arsenal y Alessia llegaron al parón invernal rebosantes de confianza. Once partidos invictas con Renée al timón, ¡y diez victorias! De repente, se encontraban a solo un punto del Manchester City, segundo en la WSL.

«Los jefes del Arsenal deberían confiar de forma definitiva en Renée, ¿no crees?», le preguntó Alessia a la capitana Kim.

«Esperemos que así sea...», respondió Kim.

Fuera cual fuese la decisión final, había mucho por lo que ilusionarse en la segunda parte de la temporada: el Arsenal mantenía sus opciones en la lucha por los cuatro títulos que disputaba, y el sorteo de cuartos de final de la Champions estaba a la vuelta de la esquina.

Alessia no podía esperar a que empezara el nuevo año.

CAPÍTULO CINCO

LUCY BRONZE: UN TRIPLETE IMPRESIONANTE

El Chelsea no había ocultado que el principal objetivo de la temporada era ganar la Champions League. Lamentablemente, no pudo ser. En las semifinales, sufrieron dos derrotas contundentes. El Barcelona volvió a mostrar un juego arrollador y eliminó al equipo londinense con demasiada facilidad. Tuvieron la sensación de una gran oportunidad perdida.

La buena noticia era que Sonia estaba convencida de saber en qué había fallado el equipo. «Duele, pero aprenderemos de esto. Regresaremos más fuertes la próxima temporada; os lo prometo», comentó a sus jugadoras.

Todas tenían motivos para confiar en su entrenadora: Sonia había ganado una Champions con el Lyon, precisamente frente al Barcelona. Estaban seguras de que podría lograrlo de nuevo.

El equipo se centró definitivamente en la WSL. La sorprendente goleada del Arsenal ante el Aston Villa significaba que el Chelsea podía asegurar el título incluso antes de lo esperado. Las Blues solo necesitaban un punto frente al Manchester United, aunque, por supuesto, su objetivo era llevarse los tres.

Y el Chelsea logró reponerse del varapalo en la competición continental para lograr una nueva victoria. ¡Ganar estaba en su ADN! En un partido de ida y vuelta, fue una jugadora veterana, una líder, quien condujo al Chelsea a la victoria. A punto de alcanzarse el primer cuarto de hora del partido, Sandy puso un centro milimétrico que fue rematado con un cabezazo impresionante… ¿de quién? ¡De la única e inigualable Lucy Bronze! Millie corrió a abrazarse con Lucy.

Y, por fin, sonó el pitido final…

¡EL CHELSEA ERA CAMPEÓN DE LA WSL POR SEXTA VEZ CONSECUTIVA!

¡Los aficionados que se habían desplazado hasta el estadio para ver a su equipo se volvieron completamente locos e hicieron temblar la grada! Se desató la fiesta en el vestuario, pero, por ahora, el champán tendría que esperar. Aunque la WSL ya estaba sentenciada, Sonia y sus jugadoras aún tenían asuntos pendientes.

«Aunque hayamos ganado la liga esta noche, queremos vencer en nuestros dos últimos partidos y acabar la temporada invictas», manifestó Lucy ante las cámaras de televisión.

¡Sería un logro increíble! Con la Copa de la Liga ya en el bolsillo y una final de la FA Cup por disputarse, el Chelsea mantenía vivo el sueño del triplete.

Contra el Tottenham Hotspur consiguieron una nueva victoria. Solo restaba el partido de la última jornada en Stamford Bridge. Recibir el trofeo de la WSL ante miles de aficionados en casa era el mejor escenario para celebrar el título. Antes del partido, el Liverpool, el equipo rival, tuvo el detalle de hacer el pasillo y aplaudir a las campeonas mientras saltaban al campo.

Con el título en el bolsillo, el Chelsea no necesitaba ganar, pero las jugadoras estaban decididas a cerrar la temporada por todo lo alto. Aggie logró el ansiado tanto de la victoria en el tiempo de descuento, recibido con entusiasmo por los aficionados. La canterana Aggie se había convertido en una de las jugadoras favoritas de la afición. No en vano ¡había ingresado en la academia de las Blues con apenas nueve años! Fue un gol de cuento de hadas que supuso varios récords... El Chelsea se coronó campeón con un récord de 60 puntos y ¡completó la temporada invicto!

«¡Ahora, podemos llamarnos las Invencibles!», le dijo Lucy a Aggie.

«¡Suena genial!», respondió Aggie, rebosante de orgullo.

Y, por fin, llegó el momento de las celebraciones. La capitana Millie levantó el trofeo con la cinta azul bien alto para que todos lo vieran mientras las cámaras disparaban sin parar y el confeti dorado caía sobre las jugadoras del Chelsea.

Lucy estaba en la fila trasera, dando botes de alegría mientras esperaba su turno para levantar el trofeo.

«¡Campeonas! ¡Campeonas! ¡Oé, oé, oé!», coreaba un mar de aficionados vestidos de azul.

Y, aunque Lucy ya había celebrado varios títulos, la emoción fue tan intensa como cuando levantó su primer trofeo. ¡Una nunca se cansa de ganar!

La fiesta continuó con Lucy liderando el karaoke frente a los aficionados... y se prolongó en el vestuario. Un par de días después, ¡los monumentos de Trafalgar Square se tiñeron de azul para honrar a las campeonas!

La celebración fue contenida. Las jugadoras no necesitaban que les recordaran que aún les quedaba un último partido de la temporada: la final de la FA Cup en el Wembley Stadium contra el Manchester United. ¡No podían dejar escapar el triplete!

Cuando Lucy se unió al Chelsea al inicio de la temporada, uno de sus objetivos era luchar por ganar la FA Cup. Se trataba de una competición de la que se había enamorado desde muy joven: primero viendo algunas finales masculinas de infarto, y, años después, disputando tres finales femeninas. A veces, tenía que pellizcarse para creerse que saltaría a jugar en el estadio de Wembley.

Lucy recordó su primera final de la FA Cup, cuando irrumpió en la escena como una joven de diecisiete años con cara de inocente. Su primer club, el Sunderland, se enfrentó al Arsenal, las reinas del fútbol femenino de la época. Fue la primera experiencia de Lucy en un gran escenario, y la sensación fue increíble. Al final, el valiente Sunderland perdió 2-1, pero cayeron con orgullo. Desde entonces, Lucy había ganado dos trofeos de la FA Cup con el Manchester City y estaba deseando repetir victoria con el Chelsea.

El Manchester United solo pudo mostrar cierta resistencia al inicio del encuentro. Las Invencibles desplegaron su mejor fútbol en Wembley. El primer gol llegó de penalti forzado por Erin y transformado por Sandy, quien batió de un potente disparo a Phallon Tullis-Joyce justo antes del descanso.

Sandy también fue la autora de la asistencia que acabó con el siguiente gol, tras colgar un tiro libre hacia Cat, que cabeceó para marcar el segundo tanto del Chelsea ya en la recta final del encuentro. El United estaba muerto.

Y, cuando Wieke Kaptein aprovechó un mal pase atrás y asistió a Sandy en el área, la mejor jugadora del partido no falló y mandó el disparo al fondo de la red. ¡3-0! ¡Qué manera de coronar el triplete inglés!

El pitido final fue recibido con una enorme ovación y una lluvia de banderas ondeando en señal de agradecimiento a las jugadoras sobre el césped de Wembley. Poco después, Millie levantó el tercer y último trofeo de la temporada que lograba el Chelsea, la reluciente FA Cup.

Lucy casi había perdido la cuenta de la cantidad de títulos que había ganado a lo largo de su carrera. ¿Se cansaría alguna vez de ganar? En absoluto. Había llegado al Chelsea para ganar títulos y había tenido un papel fundamental ayudando al equipo a conquistar tres de cuatro.

Lucy podía sentirse orgullosa de su primera temporada tras regresar a Inglaterra. El Chelsea era un equipo con una nueva entrenadora y nuevas jugadoras, y solo cabía margen de mejora. ¡Qué tiemblen sus rivales!

En medio de las celebraciones, Sonia se acercó a Lucy y le dijo: «Nos ha faltado la Champions League… ¿Lo intentamos otra vez la próxima temporada?».

«¡Dalo por hecho!», respondió Lucy con una sonrisa radiante.

CAPÍTULO SEIS

ALESSIA RUSSO: UNA TEMPORADA SENSACIONAL

Las jugadoras y la afición del Arsenal recibieron buenas noticias en enero de 2025... A parte de la merecida continuidad de Renée Slegers al frente del equipo, el Arsenal había cerrado un nuevo e ilusionante fichaje: la extremo Chloe Kelly llegó cedida desde el Manchester City, uno de sus grandes rivales.

El Arsenal recibió con los brazos abiertos a Chloe tras haberse pasado toda la temporada anterior relegada al banquillo del City. En concreto, Alessia se mostró muy ilusionada con la llegada de su compañera de la selección inglesa, ya que Chloe era una especialista en poner centros al área para las delanteras.

Salvo por una ajustada derrota frente al Chelsea, el Arsenal empezó el año de forma arrolladora, logrando nueve victorias en diez partidos de la WSL y con una increíble eficacia goleadora.

Muy pronto, Alessia volvió a meterse de lleno en la lucha por la Bota de Oro.

Pero no solo mejoró su registro goleador, también lo hizo su capacidad para aguantar el balón de espaldas, su potencia física y su conexión con las compañeras. Se había convertido en una jugadora imprescindible en el frente de ataque.

Tras escalar hasta la segunda plaza en la tabla, las miradas se dirigieron a otra competición… la Champions League.

El encuentro de ida de los cuartos de final terminó con derrota: el Real Madrid se impuso 2-0 y parecía claro favorito para alcanzar las semifinales. Pero, una semana después, Renée había devuelto la fe a todo el vestuario. En el Emirates, todo era posible.

«Mantengamos la calma y la serenidad. ¡Podemos lograrlo!», les pidió.

Durante la primera parte, el Arsenal se volcó con insistencia sobre la portería rival. Chloe colgó un centro tras otro al área, pero nadie conseguía rematarlos.

Los seguidores del Arsenal mostraban su preocupación. En el césped, sin embargo, las jugadoras mantenían la fe en la remontada.

Cuando los dos equipos saltaron al campo para disputar la segunda parte, Alessia se acercó a Chloe para decirle unas palabras: «Sigue poniendo esos centros, CK; tarde o temprano aprovecharemos alguno».

Y, en efecto, así fue. No había pasado ni un minuto tras la reanudación del encuentro, cuando Chloe encontró a Alessia en el segundo palo y, esta vez, la máxima goleadora del Arsenal logró adelantar a su equipo. El Arsenal estaba a solo un gol de igualar la eliminatoria.

Chloe volvió a hacer magia pocos minutos más tarde, asistiendo a Mariona para que consiguiera el segundo tanto de un certero cabezazo. Y, antes de que se cumpliera la hora de juego, Alessia marcó el tercer gol para el Arsenal. El equipo londinense había metido la directa.

Una vez remontada la eliminatoria, el Arsenal no estaba dispuesto a dejarla escapar.

Alessia parecía imparable en ataque… Metió dos goles más en la segunda mitad, pero ambos fueron anulados por el VAR por fuera de juego. ¡Qué rabia!

Al sonar el pitido final, las jugadoras estallaron de alegría.

La eliminatoria concluía con un Arsenal 3-2 Real Madrid. El Arsenal se colaba en las semifinales contra todo pronóstico.

Chloe fue la primera en felicitar a Alessia por su gran actuación, que le valió ser elegida como Jugadora del Partido: «¡Más que merecido! Has estado increíble».

«No lo habría logrado sin ti», le agradeció Alessia.

¡Qué remontada! ¿Cuál era la recompensa a todo ese esfuerzo? Un cruce de ensueño contra el ocho veces campeón de la Champions, el Lyon.

Pero el Lyon tiró de experiencia y se impuso en la ida por 1-2 en el Emirates gracias a un gol tardío de Melchie Dumornay. Fue un duro golpe, pero no definitivo.

Mariona, que ya contaba con dos Champions, animó al equipo tras la derrota: «Solo es un gol y quedan 90 minutos por disputar. Tenemos que seguir creyendo».

A la semana siguiente, el Arsenal voló a Francia con la convicción de poder conseguir otra remontada histórica.

«Es solo un gol, un único gol», se repetía Alessia a sí misma.

El Arsenal salió a por todas desde el pitido inicial, logrando un córner tempranero. Chloe volvió a demostrar su calidad al colgar un balón parado que resultó imposible de controlar para Christiane Endler. El esférico rebotó en la espalda de la portera del Lyon y entró en su propia portería. ¡Había empezado la remontada!

A continuación, Mariona encontró la escuadra desde veinte metros. Un golazo que puso al Arsenal por delante en la eliminatoria: ¡2-1!

Al inicio de la segunda mitad, Alessia volvió a marcar tras otro lío defensivo del Lyon. Y, cuando Vanessa Gilles resbaló dentro del área, Caitlin Foord aprovechó el fallo y anotó el cuarto tanto.

Un gol tardío de las locales apenas pudo empañar la celebración. Con un global de 5-3, el Arsenal ya tenía el pase asegurado.

«Sois finalistas de la Champions League, ¿qué se siente?», le preguntó una periodista a Alessia.

«¡Se me ponen los pelos de punta!», respondió.

Las jugadoras del Arsenal estaban en una nube. El equipo londinense no alcanzaba una final desde 2007.

Tras la euforia por vencer al Lyon, llegaron dos resultados terribles en la WSL. Primero, una humillante derrota por 5-2 ante el Aston Villa, que estaba luchando por la permanencia, y, después, otra abultada paliza frente al Brighton. La lucha por la segunda plaza de la liga se decidiría en la última jornada de la temporada.

El Arsenal se enfrentaba al Manchester United en casa. Si evitaban la derrota, acabarían segundas, por detrás del Chelsea. Si volvían a perder, el Manchester United les arrebataría la segunda posición. Estaba en juego algo más que el orgullo.

En un partido loco, el Arsenal dejó escapar una ventaja de 4-1 y, al final, el encuentro terminó 4-3. La segunda plaza estaba asegurada, a pesar de los 12 goles encajados en tan solo tres partidos... Sin duda, el Arsenal tendría que reforzar seriamente su defensa de cara a la final de la Champions League contra el Barcelona.

«¡Jugadoras como Bonmatí y Clàudia Pina nos van a machacar!», advirtió Kim.

Las siguientes dos semanas se dedicaron sobre todo a descansar, a entrenar y a hablar de tácticas. El Barcelona era el mejor equipo femenino de Europa. Para vencerlas, el Arsenal tendría que rayar a la perfección en Lisboa y esperar que el Barça fallara...

Durante los primeros 45 minutos, el Arsenal no cometió ningún error. Incluso lograron adelantarse en el marcador después de que el balón rebotara en Irene Paredes, pero lamentablemente el VAR anuló el gol por fuera de juego de Frida Maanum en la jugada previa. No obstante, ese tanto anulado dio alas a las jugadoras del Arsenal.

«¡Podemos lograrlo!», animó Leah a sus compañeras.

Sus palabras calaron en ellas.

Los minutos pasaban. Las estrellas del Barcelona seguían insistiendo, cada vez más frustradas ante la resistencia de las defensoras del Arsenal.

Por su parte, las jugadoras del Arsenal se mantuvieron fieles al plan de juego, esperando con paciencia una oportunidad para marcar. Y, al final, llegó. Mariona puso un centro desde la banda que encontró a la suplente Beth al borde del área. Esta logró filtrar un pase en el área abarrotada de jugadoras a Stina Blackstenius, quien disparó entre las piernas de una rival y superó a la portera Cata Coll.

¡Goool del Arsenal!

¡Stina y Beth apenas llevaban unos minutos en el campo!

El Barcelona acusó el duro golpe. ¿Podría el Arsenal mantener su ventaja?

Alessia echó un vistazo al reloj del estadio: era el minuto 90. Poco después, fue sustituida por la defensora Lotte Wubben-Moy. Nerviosa, esperó ansiosa el pitido final junto con el resto de sus compañeras.

Y, entonces, se acabó. ¡El Arsenal lo había conseguido! Habían logrado hacer historia: ¡ERAN CAMPEONAS DE EUROPA!

Las jugadoras se abrazaron y lloraron de alegría antes de levantar el trofeo, mientras una nube de confeti rojo y blanco caía sobre sus cabezas. Sin duda, era el final perfecto para una temporada trepidante.

En el vuelo de regreso a Londres, todavía no terminaban de creérselo. Qué temporada más increíble... Alessia había marcado más goles que nunca para compartir la Bota de Oro, había sido elegida Jugadora del Año por la Football Writers' Association, ¡y ahora era campeona de Europa! Alessia besó la medalla que colgaba de su cuello: oro para una chica de oro.

CLASIFICACIÓN FINAL DE LA WOMEN'S SUPER LEAGUE 2024-25							
Posición	Equipo	PJ	PG	PE	PP	Diferencia de goles	Puntos
1	**Chelsea**	**22**	**19**	**3**	**0**	**43**	**60**
2	Arsenal	22	15	3	4	36	48
3	Manchester United	22	13	5	4	25	44
4	Manchester City	22	13	4	5	21	43
5	Brighton & Hove Albion	22	8	4	10	-6	28
6	Aston Villa	22	7	4	11	-12	25
7	Liverpool	22	7	4	11	-15	25
8	Everton	22	6	6	10	-8	24
9	West Ham United	22	6	5	11	-5	23
10	Leicester City	22	5	5	12	-16	20
11	Tottenham Hotspur	22	5	5	12	-18	20
12	*Crystal Palace*	*22*	*2*	*4*	*16*	*-45*	*10*

MÁXIMAS GOLEADORAS DE LA WOMEN'S SUPER LEAGUE 2024-25				
		Goles	Asistencias	Partidos
1=	Alessia Russo	12	2	21
1=	Khadija Shaw	12	1	14
3=	Shekiera Martinez	10	0	12
3=	Elisabeth Terland	10	5	20
5=	Viviane Asseyi	9	6	21
5=	Agnes Beever-Jones	9	0	22
5=	Mariona Caldentey	9	5	21
8=	Grace Clinton	8	0	21
8=	Rachel Daly	8	3	22
8=	Bethany England	8	1	19
8=	Guro Reiten	8	0	17

LAS CINCO MEJORES ACTUACIONES DE EQUIPO

Hay días en los que todo encaja. Los porteros parecen imbatibles, las defensas se muestran sólidas, los centrocampistas rebosan creatividad y los delanteros son letales. Y, cuando eso sucede en los partidos más importantes, quedan enfrentamientos para el recuerdo. Tal como sucedió en estos cinco encuentros...

1 CRYSTAL PALACE 1-0 MANCHESTER CITY, FINAL DE LA FA CUP

Las apuestas estaban en su contra. En sus ciento diecinueve años de historia, el Crystal Palace nunca había ganado un gran trofeo. Y, ahora, se enfrentaba a su mayor reto: una final de la FA Cup contra el Manchester City, siete veces ganador del torneo.

Aun así, los aficionados del Crystal Palace se atrevían a soñar. Con talentos ofensivos como Eberechi Eze y Jean-Philippe

Mateta, ¿podría ser por fin su oportunidad? El encuentro fue una gran exhibición defensiva. Los jugadores del Palace se lanzaban al suelo para bloquear cualquier disparo y todos los centros. Corrían hacia atrás y galopaban hacia adelante. Atosigaban a sus rivales sin descanso. E incluso, cuando al Manchester City le señalaron un penalti, ¡Henderson logró pararlo!

El Palace esperaba su oportunidad. Y llegó en una jugada colectiva que terminó con el lateral Daniel Muñoz centrando para que Eze rematara de volea al fondo de la red.

Las Águilas volaban en lo más alto y no iban a permitir que el City empatara el encuentro.

«Si permanecéis unidos y jugáis en equipo, podéis conseguir cualquier reto», declaró el triunfante entrenador Oliver Glasner tras levantar la FA Cup.

2 PSG 5-0 INTER DE MILÁN, FINAL DE LA CHAMPIONS LEAGUE

Fue un partido que conmocionó al planeta futbolístico. La exhibición más apabullante de la historia de la Champions

League y de la Copa de Europa. Todos los jugadores del PSG que saltaron al césped rayaron a un gran nivel. Un triunfo más que merecido.

Los jugadores del PSG parecían imparables. Cada balón era una batalla y, en cuanto recuperaban la posesión, hacían lo que mejor sabían hacer: crear momentos mágicos.

El Inter de Milán vivió una de sus peores pesadillas con los taconazos de Dembélé, las entradas asombrosas de Pacho, los regates de Doué, la velocidad de Barcola, o los pases y movimientos de Vitinha.

Pero lo que todavía es más aterrador para sus rivales es que este PSG es uno de los equipos más jóvenes de la Champions League. ¿Será el inicio de una larga hegemonía?

3 ARSENAL 3-0 REAL MADRID, IDA DE LOS CUARTOS DE FINAL DE LA CHAMPIONS LEAGUE

Habían pasado dieciséis años desde la última vez que el Arsenal superara la ronda de cuartos de final de la Champions League. En su camino hacia unas semifinales por primera vez desde

2009, se interponía nada menos que el Real Madrid, 15 veces campeón de Europa, con una delantera formada por Vinicius Jr., Kylian Mbappé y Rodrygo.

Menudo reto…

El Emirates Stadium vibraba con la salida en tromba del Arsenal. Declan Rice tomó el mando en el centro del campo, mientras Bukayo Saka estaba volviendo loca a toda la línea defensiva del Real Madrid.

Fue Rice quien abrió la lata en el minuto 58 con un lanzamiento de falta espectacular que se coló por la escuadra, desatando la locura en las gradas. Doce minutos más tarde, repitió la hazaña: otro golazo de falta. Y aún hubo tiempo para que Mikel Merino lograra un tercer tanto tras la asistencia de Myles Lewis-Skelly.

Y, si no llega a ser por los despejes bajo palos de Jude Bellingham y de David Alaba, ¡el Arsenal podría haberse llevado un resultado todavía más abultado!

«Jugamos un partido muy completo», comentó satisfecho el míster Mikel Arteta.

4 CHELSEA 2-8 FC BARCELONA, SEMIFINAL DE LA WOMEN'S CHAMPIONS LEAGUE

Se suponía que esta iba a ser la temporada en la que el Chelsea demostrara su calidad en el escenario más imponente. Invictas en el campeonato local, afrontaban la semifinal de Champions League contra el Barcelona con grandes expectativas... pero las vigentes campeonas de Europa las destrozaron en los dos partidos.

Rápidas, inteligentes y talentosas, las brillantes jugadoras del Barça movieron la pelota con una facilidad pasmosa. Clàudia Pina firmó un *hat-trick*, Aitana Bonmatí deslumbró y Alexia Putellas fue una amenaza constante. El 2-8 hasta se quedó corto; ¡el Barcelona podría haber marcado aún más goles!

5 ARSENAL 1-0 FC BARCELONA, FINAL DE LA WOMEN'S CHAMPIONS LEAGUE

El equipo de Renée Slegers firmó una memorable Champions League con una serie de actuaciones que les valió el apodo de las Reinas de las Remontadas. Podríamos haber elegido su triunfo por 3-0 sobre el Real Madrid en cuartos de final, o incluso la victoria por 4-1 ante el todopoderoso Lyon en semifinales, pero ¿qué hay mejor que una victoria en la final de la Champions?

Antes del partido, nadie daba un duro por el Arsenal en su duelo contra un Barcelona que buscaba conquistar su tercera Champions consecutiva. Incluso la estrella azulgrana Aitana Bonmatí admitió que le había «sorprendido» que el Arsenal hubiese llegado a la final.

Y, sin embargo, algo increíble ocurrió en el Estádio José Alvalade… ¡El humilde equipo que vestía de rojo y blanco tuvo su día! El Arsenal no solo mantuvo su portería a cero frente al mejor ataque de Europa, sino que, además, logró marcar gracias a Stina Blackstenius para hacerse con una victoria histórica.

EURO FEMENINA

LO MEJOR DE LA EURO FEMENINA 2025

Cuando Sarina Wiegman decidió apostar por Hannah Hampton como portera titular de Inglaterra para la EURO, la joven jugadora no cabía en sí de alegría.

«¡No te fallaré!», le prometió Hannah a su seleccionadora.

Sabía que no todo el mundo confiaba en que estuviera preparada para relevar a la leyenda inglesa Mary Earps, pero Hannah estaba dispuesta a demostrar lo contrario. Y eso era algo que había hecho toda su vida.

Hannah había tenido que someterse a tres operaciones de la vista antes de cumplir los tres años, y aún le costaba calcular a qué distancia estaban los objetos. Los médicos aseguraban que jamás podría jugar al fútbol como profesional, pero se equivocaron. ¡Era la portera titular de Inglaterra!

El torneo disputado en Suiza sería muy diferente a su edición precedente, cuando Inglaterra hizo historia al proclamarse campeona de Europa en casa. Entonces, Hannah no llegó a disputar ni un solo minuto. Esta vez, en cambio, se esperaba que jugara todos los partidos.

De las jugadoras que habían ganado el título con Inglaterra, 13 repitieron convocatoria, con Leah Williamson de nuevo como capitana. Sarina había apostado también por incluir a varias jóvenes promesas con mucho talento. ¿Podría Inglaterra seguir haciendo historia y defender su corona?

«¡Nos dejaremos la piel!», aseguró Hannah a los periodistas con una mirada firme.

Tendrían que esforzarse al máximo, ya que Inglaterra había caído en el temido grupo de la muerte.

En una noche calurosa en Zúrich, Inglaterra debutó frente a una peligrosa Francia. A los 40 segundos, Lauren James probó suerte con un disparo alto, ¡una señal de que Inglaterra iba en serio! Y, cuando Alessia Russo marcó poco después, la grada inglesa rugió… hasta que el VAR anuló el gol por fuera de juego. ¡Qué mala suerte!

Después, Hannah realizó una gran parada con el pie, pero nada pudo hacer por detener el disparo de Marie-Antoinette

Katoto. Unos minutos más tarde, Sandy Baltimore aprovechó un error de la defensa para poner el 2-0 a favor de Francia.

Inglaterra introdujo varios cambios en la segunda parte para tratar de darle la vuelta al partido, pero Francia se mantuvo firme. Keira Walsh recortó distancias, pero fue demasiado tarde. ¡Inglaterra había perdido!

Ahora, tenían que ganar a Países Bajos y a Gales para llegar a la fase de eliminatorias. Contra la nación natal de Sarina, sin embargo, Inglaterra se mostró brillante y eficaz, y se impuso por un contundente 4-0. ¿Podría Gales aguarles la fiesta? ¡No! Inglaterra venció 6-1, con seis goleadoras diferentes, y se clasificó para los cuartos de final.

«¡Ahora, a por Suecia!», celebró Hannah. ¡Lo que no sospechaba era lo que tendría que hacer para mantener vivo el sueño inglés!

El partido empezó con un jarro de agua fría: Kosovare Asllani disparó raso al poste de Hannah y adelantó a Suecia. Y, poco después, Stina Blackstenius culminó un contragolpe letal.

La afición inglesa pensaba que todo estaba perdido, pero el equipo no. Ni una sola jugadora quería volver a casa tan pronto.

«¡Somos Inglaterra y podemos lograrlo!», animó Sarina antes de hacer un triple cambio.

A continuación, saltó al terreno de juego la cuarta suplente, Chloe Kelly. Y, en apenas dos minutos, puso el centro perfecto para que Lucy Bronze marcara. Inglaterra empezaba a confiar en la remontada.

La jugadora más veterana del equipo había marcado... ¡ahora le tocaba a la más joven! Tras un fallo defensivo de Suecia, la adolescente Michelle Agyemang definió como si atesorara cien internacionalidades. ¡Increíble! Solo cuatro años antes había sido recogepelotas en Wembley.

La prórroga trajo más acción que goles. Leah se retiró cojeando. Luego, a Hannah le golpearon la nariz y tuvo una hemorragia. ¡Tendría que enfrentarse a los penaltis con solo una fosa nasal operativa!

Lucy ganó el sorteo para lanzar los penaltis ante los aficionados ingleses; ¡la suerte estaba echada! Alessia adelantó a Inglaterra, pero ¡las inglesas marraron los siguientes tres lanzamientos!

Entonces, emergió la figura de Hannah para mantener viva a su selección atajando magistralmente el disparo de Filippa

Angeldahl. Después, Magdalena Eriksson estrelló el balón en el poste, Jennifer Falk lanzó por encima del larguero y Chloe convirtió con calma. ¡Llegaron a la muerte súbita!

«¡Vamos allá!», se dijo Hannah, fría como el hielo.

Y, a continuación, detuvo el disparo de Sofia Jakobsson.

«¡VAMOOOSSS!»

Lucy también se mostró muy tranquila. «Si marco mi lanzamiento y tú paras el siguiente, nos clasificamos», le dijo a Hannah.

Lucy cumplió con su palabra con un trallazo y, a continuación, la sueca Smilla Holmberg falló su lanzamiento. ¡Inglaterra acababa de protagonizar una remontada increíble y se clasificaba para semifinales contra Italia!

«¡Por favor, marcad algún gol en el próximo partido!», les rogó Hannah a sus compañeras. Aunque nunca lo reconocería, ¡le había encantado ser la estrella de la tanda de penaltis y ser designada la Mejor Jugadora del Partido!

En el encuentro de semifinales, Inglaterra volvió a verse por detrás en el marcador, tras un precioso gol de Barbara Bonansea que culminó una gran jugada colectiva de Italia.

El reloj avanzaba y parecía que la suerte de las inglesas se había agotado. Entró Michelle Agyemang para un final de infarto. Al minuto siguiente, Hannah se lanzó a los pies de Emma Severini para salvar a su equipo con dos paradas consecutivas.

Inglaterra estaba a segundos de caer derrotada. Cuando…

«¡AGYEMANGGGGGGGG!», gritó el comentarista.

¡Michelle volvía a salvar a Inglaterra!

En la prórroga, Inglaterra fue desgastando a Italia hasta que las transalpinas cometieron un penalti torpe ¡en el último minuto!

Chloe se encargó de lanzar el penalti… ¡y falló! Pero, por suerte, recogió el rechace y anotó.

¡Inglaterra 2-1 Italia! Las lágrimas corrían por las mejillas italianas, mientras que las jugadoras inglesas bailaban de alegría.

¿Estaba escrito en las estrellas que Inglaterra y España se enfrentarían en la final? Algunos aficionados así lo creían. Era la oportunidad de las inglesas para resarcirse de la derrota en la final del Mundial 2023.

Las campeonas del mundo se adelantaron en el marcador por medio de un cabezazo de Mariona Caldentey. Pero Inglaterra mantuvo la fe. Solo necesitaban una oportunidad.

Esa oportunidad llegó en la segunda mitad, cuando Chloe Kelly puso otro centro perfecto para que Alessia Russo empatara. ¡1-1! Luego, Hannah desvió un disparo de Clàudia Pina.

«¡Vamos a ganar esta final!», le prometió Leah a Hannah.

La prórroga llegó a su fin, con varias estrellas ya en el banquillo. Hannah se preguntaba quién quedaba para ejecutar los penaltis.

Beth Mead fue la primera en lanzar, pero resbaló y tuvo que repetir su lanzamiento. Cata Coll logró parar el lanzamiento.

Acto seguido, Hannah detuvo los disparos de Caldentey y Aitana Bonmatí, y Alex Greenwood y Niamh Charles marcaron por Inglaterra. A continuación, Coll detuvo el penalti de Leah, pero Salma Paralluelo falló el siguiente lanzamiento español. Si Chloe marcaba, ¡Inglaterra revalidaría el título! Y, por supuesto, lo hizo: el lanzamiento de Chloe a 110 km/h resultó imparable.

«¡Nunca nos rendimos!», dijo Hannah con orgullo.

¡Inglaterra lo había logrado! Las 23 jugadoras y la entrenadora Sarina se habían comportado como auténticas heroínas. Más tarde, llegó el confeti, los cánticos de *Sweet Caroline* y, por supuesto, la entrega del trofeo.

Inglaterra volvía a proclamarse campeona de Europa.

LAS CINCO MEJORES ACTUACIONES INDIVIDUALES

Jugadores determinantes capaces de ganar un partido. Actuaciones de superestrellas. Estos cinco jugadores aparecieron en los momentos cruciales y se adueñaron del encuentro. ¿Son estas actuaciones de diez? Nosotros creemos que sí…

1 DAN BURN (NEWCASTLE 2-1 LIVERPOOL, FINAL DE LA COPA DE LA LIGA)

El héroe local Dan Burn creció apoyando a su equipo de siempre: el Newcastle United. Se desplazó como hincha a Wembley en 2000, con la esperanza de que su equipo pudiera ganar su primer trofeo nacional desde 1955. Perdieron.

Dos décadas después, Burn pisaba de nuevo el césped de Wembley, esta vez vistiendo la camiseta de rayas blancas y negras del Newcastle.

Había sido un largo camino para él mientras luchaba por cumplir su sueño de jugar con el club de su infancia. También había sido una larga espera para el Newcastle. Seguían sin ganar un título en suelo británico desde hacía setenta años.

Dan Burn quería poner fin a la sequía. La semana en que fue convocado por primera vez con Inglaterra, el imponente defensa firmó la actuación de su vida en Wembley. Abrió el marcador con un potente cabezazo tras un córner. Luchó por cada centímetro del campo, sin dar al Liverpool ni un respiro. Privó a Mo Salah de cualquier oportunidad de marcar, en una actuación digna de ser reconocida con el galardón de Jugador del Partido.

Pero lo más importante fue que su fantástico desempeño ayudó al Newcastle a conseguir la victoria por 2-1, ¡y su primer trofeo nacional en setenta años!

2 COLE PALMER (CHELSEA 4-2 BRIGHTON, PREMIER LEAGUE)

En la temporada en la que Cole Palmer debutó con el Chelsea (2023-24), dejó boquiabiertos a los aficionados al marcar cuatro goles en un solo partido que acabó con la victoria de su equipo frente al Everton por 6-0.

En la temporada siguiente, fue un paso más allá...

El Brighton, séptimo en la tabla, llegó a Stamford Bridge sabiendo que una victoria los colocaría por encima del Chelsea en la Premier League. Y el partido comenzó bien para las Gaviotas, que se adelantaron 1-0.

Entonces, entró en escena Cole Palmer.

Primero, Nicholas Jackson le puso un pase para que rematara a portería vacía: ¡1-1!

Luego, transformó un penalti: ¡2-1!

Después, anotó un espectacular lanzamiento de falta desde 25 metros: ¡3-1!

Y, para rematar, superó a Bart Verbruggen con un disparo... ¡y todo esto antes del descanso! ¡4-2!

¡Increíble! El internacional inglés se convirtió en el primer jugador en la historia de la Premier League en marcar cuatro goles en la primera mitad de un partido. Seguramente, Cole estaría eufórico tras semejante actuación, ¿no?

«Debería haber marcado cinco o seis goles», dijo Palmer encogiéndose de hombros.

Bueno, quizá la temporada siguiente...

3 DÉSIRÉ DOUÉ (PSG 5-0 INTER DE MILÁN, FINAL DE LA CHAMPIONS LEAGUE)

¿Qué haces si tienes diecinueve años y estás disputando tu primera final de la Champions League? Si eres Désiré Doué, simplemente te lo pasas en grande. Su equipo jugó como los ángeles esa noche, y Doué fue su estrella más brillante.

En una actuación repleta de confianza, Doué hizo regates imposibles, mareó tanto al lateral Federico Dimarco que este tuvo que ser sustituido a comienzos de la segunda mitad, y puso un pase medido para que Achraf Hakimi abriera el marcador. Todo eso antes de contribuir a la victoria con dos goles.

¿Tres intervenciones de gol en una final de Champions League? Ningún jugador lo había hecho antes. Y Doué lo logró todo en apenas 65 minutos, momento en que el entrenador Luis Enrique decidió sustituirlo. Solo nos queda imaginar qué más habría hecho el Jugador del Partido si hubiera disputado los 90 minutos…

4 LEAH WILLIAMSON (ARSENAL 1-0 BARCELONA, FINAL DE LA WOMEN'S CHAMPIONS LEAGUE)

¿Dejar al Barcelona sin ver puerta? Parecía una tarea imposible. La alineación de las campeonas españolas estaba repleta de jugadoras merecedoras del Balón de Oro. Y llegaban a la final en un estado de forma envidiable, con 18 goles anotados en sus cuatro partidos de eliminatorias, en los que arrasaron al Wolfsburg y al Chelsea.

Pero el Barcelona aún no se había topado con Leah Williamson…

La defensa del Arsenal cuajó un partido sensacional. En 90 minutos, realizó 14 despejes, dos bloqueos salvadores y lideró al equipo con 19 acciones defensivas.

Cuando el Arsenal ganó la Champions League en 2007, Williamson, que entonces tenía diez años, salió al campo acompañando a sus heroínas; dieciocho años después, ella misma fue la protagonista para el Arsenal.

5 LAMINE YAMAL (BARCELONA 3-3 INTER DE MILÁN, SEMIFINAL DE LA CHAMPIONS LEAGUE)

Uno de los mejores partidos de la temporada tuvo como protagonista a la joven promesa del Barcelona. Yamal fue imparable, zigzagueando entre los defensas con una facilidad pasmosa. Nadie podía pararlo, a pesar de que le marcaban dos y, a veces, hasta tres jugadores. Torturó tanto al lateral del Inter Federico Dimarco que este tuvo que ser sustituido en el minuto 56.

Yamal generó oportunidades para sus compañeros y anotó un espectacular gol que quedará para la hemeroteca, y que sirvió para que su equipo empatara tras ir perdiendo por dos goles.

«Nunca me había sorprendido tanto la actuación individual de un jugador. Han sido los mejores 45 minutos que he visto de un jugador en cualquier partido de esta temporada», reconoció Ally McCoist, comentarista de TNT Sports.

El entrenador del Inter de Milán, Simone Inzaghi, coincidió: «Lamine es de esos talentos que aparece una vez cada 50 años».

EUROPA LEAGUE

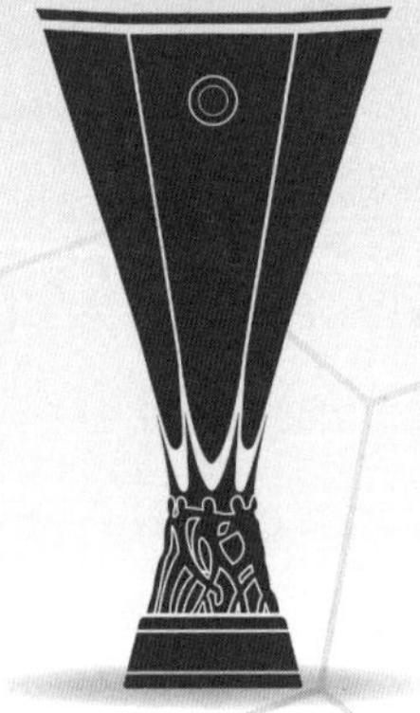

LO MEJOR DE LA UEFA EUROPA LEAGUE 2024-25

«Siempre gano títulos en mi segundo año. Y así será».

Era septiembre de 2024. El Tottenham acababa de perder contra su eterno rival, el Arsenal, aunque Ange Postecoglou mantenía la confianza en su equipo.

Los Spurs habían empezado la temporada de forma un tanto irregular, pero su entrenador se encargó de recordar a los periodistas que su segundo año al mando siempre terminaba con éxito.

Al fin y al cabo, bajo la dirección de Ange, todos sus equipos habían levantado algún trofeo en su segundo año: ya fuera el Celtic en Escocia, el Yokohama F. Marinos en Japón, el South Melbourne o el Brisbane Roar en Australia, e incluso la selección nacional.

Pero ¿sería capaz de repetir la hazaña con este Tottenham vacilante en el competitivo fútbol inglés? La duda era más que razonable teniendo en cuenta que el conjunto del norte de Londres no ganaba un título desde 2007.

Aunque algunos recibieron la predicción del entrenador con cierta incredulidad, la seguridad de su entrenador reforzó la confianza de los jugadores de los Spurs.

«El míster confía en nosotros, chicos. Ignorad lo que diga la gente fuera del club. Todos sabemos que tenemos un gran equipo. ¿Por qué no podemos ganar un título?», comentó el capitán Son Heung-min con sus compañeros de equipo.

Su aliado en la delantera, Brennan Johnson, asintió: «Estoy totalmente de acuerdo, Sonny. Vamos a demostrar que los que no confían en nosotros se equivocan».

Brennan había sido un fichaje millonario procedente del Nottingham Forest el año anterior y le encantaba cómo el técnico del Tottenham animaba al equipo a practicar un fútbol atrevido y vistoso. Popularmente conocido como *Ange-ball*, ese estilo ofensivo a ultranza garantizaba muchos goles, algo ideal para un delantero hambriento como Brennan.

Sin embargo, el problema de la presente temporada era que los goles llegaban en ambas porterías y, en febrero, mientras el Tottenham seguía sin encontrar la regularidad, sus opciones de conquistar un título parecían cada vez más remotas.

El Liverpool puso fin a una buena trayectoria en la Copa de la Liga en semifinales. La Premier League era un imposible con los Spurs atrapados en la mitad baja de la tabla.

Para colmo, las lesiones estaban asolando al equipo. El cerebro del centro del campo, James Maddison, y los defensas Cristian Romero y Micky van de Ven encabezaban una larga lista de jugadores en la enfermería.

La Europa League se había convertido en la última esperanza del Tottenham.

«Si queremos acabar con nuestra sequía de títulos, ¿qué mejor forma que ganando una de las competiciones más grandes de Europa?», le dijo Brennan a Son.

A pesar de tener numerosas bajas, los Spurs habían superado con autoridad la liguilla de la primera fase del torneo, con cinco victorias y dos empates en ocho partidos. Brennan y Sonny habían liderado al equipo con tres goles cada uno.

Las eliminatorias suponían un desafío completamente distinto, y el Tottenham subió el nivel en cada ronda, protagonizando remontadas en los partidos de vuelta tanto frente al AZ Alkmaar como contra el Eintracht de Fráncfort. En la ida de semifinales, los goles de Brennan, Maddison y Dominic Solanke les dieron una sólida ventaja de 3-1 ante el Bodø/Glimt noruego.

El partido de vuelta, sin embargo, no iba a ser nada fácil: les tocaba viajar a 200 kilómetros del Círculo Polar Ártico.

¿Frío glacial? Sin problema. ¿Césped artificial? No cabían excusas. Una cómoda victoria por 0-2 metió al Tottenham en la final. El sueño del trofeo seguía vivo. Y, en la final, les esperaba un viejo conocido: el Manchester United. Igual que los Spurs, los de Old Trafford habían sufrido en la Premier League, pero habían encontrado la redención en la Europa League.

«Parece una broma. Te pasas el torneo jugando contra equipos de toda Europa y acabas teniendo que disputar una final inglesa», comentó Brennan.

«¡Al menos, esta vez, nos toca viajar a la soleada España y no jugar de nuevo contra ellos bajo la lluvia de Mánchester!», bromeó Maddison.

Fuera cual fuera el clima en Bilbao, los Spurs tenían motivos de sobra para confiar en la victoria. Los dos equipos ya se habían enfrentado tres veces en esa misma temporada, y el Tottenham había salido victorioso en todas ellas.

Pero este partido era muy especial. Casi 50.000 aficionados llenaban el estadio de San Mamés, con un mar de camisetas rojas y blancas en cada fondo. Cuando los jugadores saltaron al césped, les recibió un rugido ensordecedor, aunque Brennan solo podía escuchar a los hinchas del Tottenham:

Oh, when the Spurs

Go marching in.

Oh, when the Spurs go marching in,

I want to be in the number

When the Spurs go marching in.

Le llenaba de orgullo saber que su equipo tenía un apoyo tan increíble. Ahora, tocaba devolverles esa fe con un triunfo.

Como era de esperar en un duelo de tanta presión entre dos equipos que ocupaban la parte baja de la Premier League, el partido estuvo lejos de ser un espectáculo. Pases errados, ataques poco fluidos y pocas ocasiones para ambos conjuntos.

Los Spurs no fueron capaces de desplegar su fútbol de ataque, al que estaban acostumbrados sus aficionados, pero se dejaron la piel en el campo. Y, con el talento que tenía el equipo, era cuestión de tiempo que generase una ocasión… que llegó en el minuto 42.

Por fin, tras encontrar algo de espacio por la banda izquierda, Pape Sarr puso un centro envenenado en el área. Brennan fue el primero en reaccionar, colándose por el primer palo. No consiguió batir al guardameta del United, André Onana, pero, en medio del barullo dentro del área, el balón rebotó en el defensa Luke Shaw y, con un toque sutil, Brennan lo empujó al fondo de la red.

El gol fue propio de un partido tan trabado, pero a ninguno de los jugadores del Tottenham le importó. Estaban a solo 45 minutos de levantar un trofeo europeo.

En el vestuario, Ange recordó a su equipo que el trabajo aún no había terminado.

«Durante los próximos 45 minutos, el United se nos va a echar encima con todo lo que tiene, chicos. Quiero que defendáis como nunca», pidió Ange a sus jugadores.

Los Spurs colocaron a los once hombres detrás del balón y defendieron como si les fuera la vida en ello. Guglielmo Vicario realizó una parada providencial. Cristian fue una auténtica roca en la zaga. E incluso Richarlison y Sonny bajaron a toda velocidad para apoyar en defensa.

Con el tiempo agotándose, Guglielmo salió a atajar un centro, pero no pudo evitar el cabezazo de Rasmus Højlund, que parecía colarse inevitablemente en la portería vacía. Y, en ese momento, apareció Micky, quien, de forma acrobática, despejó el balón bajo los palos.

Poco después, Brennan fue sustituido por el defensa Kevin Danso para reforzar la línea defensiva. Desde el banquillo, Brennan apenas podía mirar cómo se disputaban los siete agónicos minutos de añadido. Aún hubo tiempo para que Guglielmo detuviera otro cabezazo, esta vez de Shaw. El Tottenham no iba a dejar escapar la victoria.

¡Y sonó el pitido final!

El Tottenham era el nuevo campeón de la Europa League; Brennan, el héroe del partido; y Ange lo había vuelto a lograr.

Tras casi veinte años de espera para levantar un trofeo, los aficionados del Tottenham cantaron y festejaron hasta bien entrada la noche española.

Viktoria Plzeň	2
Lazio	3

Bodø/Glimt	4
Olympiacos	2

Ajax	2
Eintracht Frankfurt	6

AZ Alkmaar	2
Tottenham Hotspur	3

Lazio	3 (2)
Bodø/Glimt	3 (3)

Eintracht Frankfurt	1
Tottenham Hotspur	2

Tottenham Hotspur	5
Bodø/Glimt	1

Tottenham Hotspur	1
Manchester United	0

Athletic Club	1
Manchester United	7

Rangers	0
Athletic Club	2

Lyon	6
Manchester United	7

Rangers	3 (3)
Fenerbahçe	3 (2)

Athletic Club	4
Roma	3

FCSB	1
Lyon	7

Real Sociedad	2
Manchester United	5

MÁXIMOS GOLEADORES DE LA UEFA EUROPA LEAGUE 2024-25				
		Goles	Asistencias	Partidos
1=	Bruno Fernandes	7	4	14
1=	Kasper Waarts Høgh	7	1	14
1=	Ayoub El Kaabi	7	0	8
4=	Rasmus Højlund	6	2	15
4=	Václav Černý	6	2	12
4=	Youssef En-Nesyri	6	0	12
4=	Malick Fofana	6	1	10
4=	Samu Aghehowa	6	0	9
4=	Barnabás Varga	6	1	8
4=	Victor Osimhen	6	1	7
11=	Nico Williams	5	2	13
11=	Dominic Solanke	5	4	13
11=	Brennan Johnson	5	1	13
11=	Iñaki Williams	5	1	12

LOS CINCO MEJORES EQUIPOS

Fútbol fluido. Ataques demoledores. Defensas dinámicas. Estos cinco equipos dominaron a sus rivales, acumularon victorias y levantaron numerosos trofeos.

1 PSG

¿Qué más podía haber logrado este PSG?

Champions League: campeón.

Ligue 1: campeón.

Supercopa de Francia: campeón.

Copa de Francia: campeón.

Cuatro trofeos de cuatro posibles, un hito histórico para el conjunto francés. Pero este joven equipo no se limitó a ganar. También se divirtió. A lo largo de la temporada, marcaron la increíble cifra de 152 goles, con un fútbol alegre y desacomplejado. Además, fue un conjunto que se dejó la piel en el campo y peleó por cada balón.

«Son un equipo en letras mayúsculas. Nunca he visto trabajar tanto a unos delanteros. ¿Cómo se podrá derrotarlo?», se preguntaba el comentarista Martin Keown.

Nosotros, al igual que el resto de Europa, todavía estamos tratando de descubrirlo, Martin...

2 FC BARCELONA

No cabía duda de que el PSG era un auténtico espectáculo, pero ¿se trataba del equipo más divertido de ver? Los aficionados del Barcelona tenían claro que no. Su plantilla de delanteros superestrella anotó 174 goles, ¡más que cualquier otro conjunto de toda Europa! Su siempre avanzada y extremadamente atrevida línea defensiva les hizo encajar bastantes tantos, pero eso contribuyó a incrementar la emoción de sus partidos.

El Barcelona de Hansi Flick preferiría ganar 5-4 que 1-0, algo totalmente comprensible si se cuenta con un trío atacante formado por Raphinha, Robert Lewandowski y Yamal. Tras pasar demasiado tiempo a la sombra del Real Madrid, el Barça volvió por sus fueros y le arrebató la corona a su eterno rival. A lo largo del año, se enfrentaron al Madrid en cuatro Clásicos... ¡y ganaron los cuatro!

Para redondear la temporada, el Barcelona conquistó el triplete nacional: LaLiga, la Copa del Rey y la Supercopa de España. Y lo logró volviendo a sus raíces; construyendo el equipo en torno a los canteranos de La Masía, como Yamal, Gavi y Cubarsí, y practicando un fútbol atractivo que lo llevó a redondear su temporada más exitosa en una década.

3 CHELSEA (FEMENINO)

En Inglaterra, fueron imparables. Invencibles. Imbatibles. El Chelsea terminó la temporada sin conocer la derrota, conquistando la WSL, la FA Cup y la Copa de la Liga.

Ningún equipo había logrado antes completar una temporada de 22 partidos en la WSL sin perder. Y, aunque cayeron en semifinales de la Champions League, el dominio del Chelsea en las competiciones nacionales marcó un nuevo hito: fue el primer equipo en alcanzar los 60 puntos en la WSL.

El primer equipo en terminar dos veces una temporada de la WSL sin perder.

El equipo con más victorias en una sola temporada de la WSL (19).

El primer equipo en imponerse en los seis enfrentamientos directos contra los llamados «cuatro grandes» de la liga.

Y el primero en conquistar seis títulos consecutivos de la WSL.

Todo eso, ¡a pesar de las lesiones de jugadoras clave como Lauren James, Sam Kerr, Erin Cuthbert y Mayra Ramírez!

4 FC BARCELONA (FEMENINO)

El Barça no pudo revalidar su título de la Champions League… pero ganó el resto de títulos que disputó.

Su equipo, lleno de campeonas del mundo, iconos de la Champions y ganadoras del Balón de Oro, desplegó un fútbol espectacular durante toda la temporada. Con la inteligencia de Aitana Bonmatí, la definición de Ewa Pajor y la visión de Alexia Putellas, lograron resultados impresionantes tanto en casa como fuera.

El Chelsea se mantuvo invicto en Inglaterra, pero el Barcelona les endosó ocho goles en dos partidos. Ganaron sus cuartos de final y las semifinales de la Champions League con un marcador global de 18-4. Anotaron 128 goles en la Liga F y solo encajaron 16 tantos. Derrotaron al Real Madrid 5-0 en la Supercopa de España y al Atlético de Madrid 2-0 en la Copa de la Reina.

Tres de cuatro trofeos no está nada mal. Pero se espera que este fenomenal equipo lo dé todo para recuperar su preciada Champions League…

5 LIVERPOOL

Jürgen Klopp ha sido uno de los mejores entrenadores del Liverpool de la era moderna. Así que, cuando se marchó tras nueve temporadas al mando, era normal que los aficionados estuvieran preocupados. Sobre todo, porque su sustituto, Arne Slot, solo incorporó a un nuevo jugador para el primer equipo: Federico Chiesa.

Slot tampoco cambió demasiado el juego del equipo. Partiendo de las bases tácticas de Klopp, introdujo algunos ajustes: más control de la posesión, más juego combinativo en el centro del campo y, en especial, liberó de tareas defensivas al hombre más peligroso del equipo, Mo Salah.

Los cambios dieron resultado.

El Liverpool arrasó camino de su vigésimo título de la Premier League, terminando 10 puntos por delante del segundo, el Arsenal, y ganando 22 de sus primeros 30 partidos de liga.

«Es el mejor equipo de la Premier League y del mundo», dijo el entrenador del Brentford, Thomas Frank; algo con lo que muchos estaban de acuerdo.

CONFERENCE LEAGUE

LO MEJOR DE LA UEFA CONFERENCE LEAGUE 2024-25

La aventura del Chelsea en la UEFA Conference League estuvo a punto de terminar antes incluso de empezar.

En una eliminatoria a doble partido contra el Servette para entrar en la fase de grupos, los Blues parecían tenerlo todo bajo control tras imponerse 3-0 en el primer enfrentamiento.

Sin embargo, en el encuentro de vuelta, el equipo suizo se adelantó con dos goles y se adueñó del partido. Al final, solo una defensa desesperada del Chelsea y un fallo tardío del Servette evitaron que la eliminatoria se decidiera en la prórroga.

Hasta Cole Palmer (apodado *Cold* Palmer por su frialdad habitual) se mostró algo nervioso: «En Europa, no se puede dar nada por hecho, chicos. No olvidemos esta lección», les dijo a sus compañeros.

Nueve meses después, el Chelsea demostró que había aprendido bien aquella lección. Estaban a punto de hacer historia: a una sola victoria de convertirse en el primer equipo en ganar los cinco torneos de clubes de la UEFA. Tras el susto inicial contra el Servette, ganaron todos los partidos de la fase de grupos de la competición por al menos dos goles de diferencia, incluyendo una paliza por 8-0 frente al FC Noah de Armenia.

Su entrenador, Enzo Maresca, gestionó la plantilla con maestría, dando oportunidades a varios jugadores jóvenes con ganas de destacar, aunque eso implicara un viaje de ida y vuelta de 6.000 kilómetros hasta Kazajistán.

«Estoy encantado de quedarme fuera esta vez y dejar que los demás tengan su oportunidad», bromeó Cole con el delantero Nicolas Jackson antes de aquel largo desplazamiento.

Las eliminatorias siguieron el mismo guion: los Blues pasaron por encima del FC Copenhague, del Legia de Varsovia y del Djurgårdens. En total, marcaron 42 goles en 14 partidos hasta llegar a la final.

Sin embargo, les esperaba una dura prueba en la ciudad polaca de Wrocław. Dirigido por el astuto Manuel Pellegrini (el técnico que llevó al Manchester City a ganar la Premier League en 2014), el Real Betis había sido una de las sensaciones del torneo, con Isco, el cinco veces campeón de la Champions, llevando la batuta en el centro del campo. En semifinales, los andaluces habían eliminado a la Fiorentina, que buscaba llegar a su tercera final consecutiva.

La historia también parecía estar del lado del Betis. Los equipos españoles, ya fueran clubes o la selección, habían disputado 27 finales desde 2002 y se habían impuesto en todas.

Cole lo había vivido en primera persona el verano anterior, cuando formó parte de la selección de Inglaterra que llegó a la final de la EURO 2024. En esa ocasión, los ingleses cayeron ante España, a pesar de que Cole marcó un golazo desde fuera del área.

Nueve minutos después del inicio de la final en Wrocław, Isco, un jugador diez años mayor que Cole, asestó el primer golpe. El veterano centrocampista filtró un pase sublime desde el borde del área hacia Abde Ezzalzouli, que batió a Filip Jörgensen.

Cole intercambió una mirada de preocupación con Nicolas. Sabían que iban a tener que sudar tinta para frenar a ese Betis.

Durante el resto de la primera parte, el Chelsea no encontró la solución y, gracias a Filip y a la falta de acierto de sus rivales, el marcador se mantuvo 1-0. Tras contemplar a sus jugadores dirigirse al túnel de vestuarios, el entrenador supo que necesitaba hacer cambios para que su equipo reaccionara.

«¡Reece, prepárate! Vas a entrar», le dijo Enzo al capitán del equipo, Reece James.

Poco después, los también internacionales ingleses Jadon Sancho y Levi Colwill se sumaron al terreno de juego para aportar su experiencia.

Aun así, los Blues seguían sin encontrar la forma de superar la férrea defensa del Betis. Necesitaban un momento de magia.

Con 25 minutos por delante, Cole sacó su varita. Avanzando por la banda derecha, levantó la vista y vio que Enzo Fernández penetraba en el área.

«¡Pónmela en la cabeza, Cole!».

Su centro con la izquierda fue milimétrico y encontró a su compañero justo cuando se colaba entre dos defensores del Betis. Enzo conectó un remate de cabeza que se coló al fondo de la red.

El Betis acusó el golpe, y Cole lo aprovechó para volver a hacer de las suyas por la banda derecha minutos después. Con los españoles preparándose para defender otro centro con efecto de su pie izquierdo, Cole hizo la jugada perfecta: un amago con arrastre del balón antes de acelerar hacia el área y centrar con la diestra. A diferencia de sus rivales, Nicolas estaba atento a la jugada y empujó el balón al fondo de la red.

«¡No ha estado mal para haberlo hecho con tu derecha!», dijo Nicolas con una sonrisa mientras los compañeros celebraban su segundo gol.

En apenas cinco minutos, dos acciones de magia habían dado la vuelta a la final. El marcador reflejaba solo un gol de diferencia, pero el Chelsea había logrado desactivar al Betis y su dominio inicial.

El equipo, que apenas había generado ocasiones en la primera parte, ahora parecía capaz de marcar en cada ataque.

El tercer gol llegó en el minuto 83, cuando otro suplente, Kiernan Dewsbury-Hall, asistió a Jadon por la banda izquierda. El disparo con efecto de Jadon fue imparable. En el tiempo añadido, un disparo de Moisés Caicedo desde el borde del área completó la remontada y selló la histórica victoria del Chelsea en la UEFA Conference League.

Unos minutos después, mientras Reece levantaba el trofeo, Cole compartía con sus compañeros el premio al Jugador del Partido. Se desató la celebración: confeti, bailes, cánticos y champán bien frío, como le gusta a Cole.

Panathinaikos	4
Fiorentina	5

Celje	5 (3)
Lugano	5 (1)

Jagiellonia Białystok	3
Cercle Brugge	2

Real Betis	6
Vitória de Guimarães	2

Celje	3
Fiorentina	4

Real Betis	3
Jagiellonia Białystok	1

Real Betis	4
Fiorentina	3

Real Betis	1
Chelsea	4

Chelsea	5
Djurgårdens IF	1

Rapid Wien	2
Djurgårdens IF	4

Chelsea	4
Legia Warsaw	2

Pafos	1
Djurgårdens IF	3

Rapid Wien	3
Borac Banja Luka	2

Molde	3
Legia Warsaw	4

Chelsea	3
Copenhagen	1

MÁXIMOS GOLEADORES DE LA UEFA CONFERENCE LEAGUE 2024-25				
		Goles	Asistencias	Partidos
1	Afimico Pululu	8	8	12
2	Cédric Bakambu	7	2	14
3=	Marc Guiu	6	0	6
3=	Armandas Kučys	6	0	7
4=	Dion Beljo	5	2	10
4=	Johnny Kenny	5	1	6
4=	Rolando Mandragora	5	2	11
4=	Christopher Nkunku	5	3	9
4=	Miloš Pantović	5	1	8
4=	Krzysztof Piątek	5	0	6
5	Abde Ezzalzouli	4	0	13

LOS CINCO MEJORES GOLES

Desde goles espectaculares hasta ejecuciones impecables, los aficionados pudieron disfrutar durante la temporada 2024-25 de una gran variedad de tantos increíbles. Estos fueron cinco de los mejores…

1 AITANA BONMATÍ (CHELSEA 1-4 BARCELONA, WOMEN'S CHAMPIONS LEAGUE)

La jugadora azulgrana ganadora del Balón de Oro se hizo con el balón en su propio campo y no dudó en lanzarse al ataque, sorteando a Sjoeke Nüsken con una facilidad pasmosa. Entonces, Niamh Charles intentó frenar a Bonmatí, pero la catalana fue demasiado rápida para ella. ¡Adiós!

A esas alturas, Bonmatí volaba sobre el césped. Cuando se adentró en el área del Chelsea, Millie Bright saltó del eje de la defensa para arrebatarle el esférico, pero, a pesar de su posición escorada, Bonmatí soltó un zapatazo que se coló por la escuadra.

¡Fue un auténtico golazo tanto por su factura como por su trascendencia!

El trallazo de Bonmatí supuso el 0-1 para su equipo en el partido (y el 5-1 en la eliminatoria). El Barcelona volaba imparable rumbo a la final de la Champions League.

2 KAORU MITOMA (BRIGHTON 3-0 CHELSEA, PREMIER LEAGUE)

El impresionante gol de Mitoma lo tuvo absolutamente todo. En apariencia, todo indicaba que el portero del Brighton, Bart Verbruggen, había lanzado un balonazo hacia el campo contrario, pero, en realidad, había visto como Mitoma salía disparado como un rayo hacia el área rival.

Mitoma controló con un toque sutil un balón que voló unos 70 metros y, con un segundo toque igual de eficaz, encaró a la defensa contraria.

A continuación, dejó atrás a Trevoh Chalobah y, con toda la calma del mundo, colocó el balón suavemente en la esquina inferior de la portería del Chelsea.

En apenas tres segundos, Mitoma había creado un momento mágico que quedará grabado en la memoria. «Ese control será, sin duda, de lo mejor que veremos en la Premier League esta temporada», aseguró el comentarista televisivo Jamie Carragher.

3 OMAR MARMOUSH (MANCHESTER CITY 3-1 BOURNEMOUTH, PREMIER LEAGUE)

Era un partido que el Manchester City tenía que ganar para mantener vivas sus esperanzas en la Premier League. Y el delantero egipcio Marmoush se aseguró de que lo hicieran con estilo. Con el marcador 0-0 y apenas 14 minutos disputados, recogió el balón justo en la divisoria del campo. Levantó la vista, dio dos toques hacia adelante y soltó un potente disparo con efecto descendente desde unos 30 metros.

El esférico superó al portero Kepa Arrizabalaga, golpeó en el poste y acabó colándose en la red.

«¡Qué golazo! Era impensable que marcara desde tan lejos», exclamó el comentarista.

4 LAMINE YAMAL (BARCELONA 3-3 INTER DE MILÁN, SEMIFINALES DE LA CHAMPIONS LEAGUE)

Todo el mundo sabe lo que va a pasar: Lamine Yamal recortará hacia dentro para disparar con su zurda y colocará el balón con efecto en la escuadra más alejada del portero. Pero ¿puede alguien evitarlo? ¡Ni de broma!

Es la jugada característica de Yamal, y la ha ejecutado en los escenarios y momentos más importantes, incluida la semifinal de la Champions League contra el Inter de Milán. Yamal le ganó la posición al delantero del Inter, Marcus Thuram, para quedarse con el balón y girarse hacia la portería. Al entrar en el área, amagó para dejar atrás a Henrikh Mkhitaryan, dio un par de toques para acomodarse y colocó un disparo preciso junto al palo. ¡El portero Yann Sommer ni reaccionó!

«Menuda jugada... Dentro de veinte años seguiremos hablando de ella», rugió el comentarista Rio Ferdinand. Y no exageraba; ¡el gol de Yamal fue elegido como el mejor de la temporada en la Champions League!

5 JAMIE DONLEY (LEYTON ORIENT 1-2 MANCHESTER CITY, FA CUP)

Es verdad que oficialmente este tanto no fue concedido a Jamie Donley. Los aguafiestas de la FA decidieron computarlo como un gol en propia puerta de Stefan Ortega, pero no estamos de acuerdo. Donley se merece su momento de gloria.

Con el marcador 0-0, Donley luchó por un balón suelto en el centro del campo del Manchester City. En una posición tan retrasada, la mayoría de los delanteros habrían optado por controlar el balón y buscar un pase o intentar regatear a un contrario. Pero Donley quiso sorprender a todo el mundo y decidió chutar a puerta para ¡superar a Ortega desde 45 metros!

Ante la sorpresa de sus compañeros, el balón dibujó una parábola perfecta, rozó el larguero y acabó entrando tras rebotar en un Ortega que corría desesperado hacia atrás.

¡Menudo golazo!

Donley fue rodeado por sus compañeros. Los aficionados enloquecieron. ¡El modesto Leyton Orient se adelantaba 1-0 frente al todopoderoso Manchester City, campeón de la Premier League, la Champions y la FA Cup!

«Es el disparo de su vida. Solo atreverse a chutar desde ahí… ¡Guau!», declaró el comentarista Martin Keown.

«Es uno de los mejores goles de la historia de la FA Cup», añadió el analista Chris Sutton.

SERIE A

LO MEJOR DE LA SERIE A 2024-25

Era el cuarto partido de liga de Scott McTominay con el Nápoles y bastaron solo 25 segundos de juego para que el centrocampista escocés se ganara un lugar en el corazón de los aficionados de su nuevo club.

El primer gol de Scott en la Serie A resultó, sin duda, muy familiar para los seguidores del Manchester United, el equipo que abandonó en verano en busca de una nueva aventura en Italia. Con el Nápoles lanzado al ataque desde el saque inicial ante el Como, McTominay hizo una de sus típicas internadas desde el centro del campo hasta el área, controló el balón con la zurda y lo mandó al fondo de la red con la derecha, ajustado al palo largo.

El gol sirvió de revulsivo para que su equipo lograra la victoria por 3-1 frente al Como, y marcó el inicio de una bonita relación entre el club y su nuevo fichaje.

«Buenos días, Scott… ¿o debería llamarte McFratm?», le saludó Billy Gilmour al llegar al entrenamiento.

«Eh... Buenos días, colega», respondió Scott, frunciendo el ceño con desconcierto.

«Es como te llaman los aficionados del Nápoles. El apodo es una mezcla de tu apellido y la palabra napolitana *fratm*, que significa 'mi hermano'», le explicó Billy.

Scott sonrió. Le conmovía sentirse tan bien recibido en una ciudad desconocida, donde la gente hablaba otro idioma, sobre todo después de haber pasado tantos años en el United, el club en el que había crecido desde las categorías inferiores hasta llegar al primer equipo.

También le reconfortaba tener a Billy a su lado. Su compañero en la selección escocesa había fichado por el Nápoles procedente del Brighton el mismo día que él. Jugando juntos en el centro del campo, ambos se habían convertido en piezas clave en el intento del equipo italiano por conquistar su cuarto título de la Serie A.

Su nuevo entrenador, Antonio Conte, sabía perfectamente lo que hacía falta para ser campeón: ya había llevado tanto a la Juventus como al Inter de Milán a ganar el *scudetto*, y también había guiado al Chelsea a la gloria en la Premier League en 2017.

Sin embargo, lograr otro título liguero no sería tarea fácil. Algunos de los mejores equipos de Europa tratarían de impedírselo, en especial, el Inter, vigente campeón.

En noviembre, los dos equipos se vieron las caras en el mítico Giuseppe Meazza. Scott puso a los visitantes por delante en el marcador con un ingenioso remate al primer palo. Justo antes del descanso, Hakan Çalhanoğlu empató para los locales, que después se lanzaron en busca del gol de la victoria. Çalhanoğlu tuvo otra ocasión de oro cuando el Inter provocó un penalti, pero su disparo se estrelló contra el poste.

Scott y sus compañeros respiraron aliviados. Aunque el empate mantenía al Nápoles en lo más alto de la tabla, Conte no quería que sus jugadores se confiaran.

«Gran trabajo hoy, chicos, pero recordad: queda mucho camino por recorrer. El Inter está solo un punto por detrás, igual que la Atalanta, la Fiorentina y la Lazio», advirtió el técnico.

Haría falta un esfuerzo descomunal para distanciarse del grupo perseguidor.

Con el delantero belga Romelu Lukaku en un estado de forma espectacular en enero, el Nápoles superó a la Fiorentina, al

Hellas Verona y a la Atalanta, antes de poner fin a la racha de 21 partidos invicta de la Juventus en la liga.

Pero, al mes siguiente, las cosas se torcieron: solo lograron tres empates en cuatro partidos.

En una temporada tan impredecible, prácticamente la única constante era el espectacular estado de forma de Scott. Estaba brillando en una posición más adelantada de lo habitual, y sus incursiones en el área se habían convertido en una pesadilla para las defensas rivales.

Scott disfrutaba de la vida tanto dentro como fuera de los terrenos de juego, y sobre todo de una cosa en particular.

«¡Dios mío, qué tomates! En casa nunca comía. Allí, son solo agua roja. Aquí, en cambio, saben de verdad a tomate. ¡Ahora, me los como hasta de aperitivo!», comentó a los periodistas.

Antonio estaba encantado de que Scott comiera todos los tomates que quisiera mientras siguiera haciendo estragos en las defensas de la Serie A.

Con tan poca diferencia entre los equipos de arriba, el partido de vuelta entre el Nápoles y el Inter de Milán que se disputaría en marzo se presentaba como un duelo crucial.

Esta vez, el Inter golpeó primero con un lanzamiento de falta imparable de Federico Dimarco. A medida que el tiempo se consumía, el Nápoles encontró a un héroe inesperado. A solo tres minutos del final, el recién incorporado Philip Billing, fichado en el mercado de invierno procedente del Bournemouth, combinó con Stanislav Lobotka.

Su primer disparo fue detenido, pero Philip no se dio por vencido y empujó el rechace al fondo de la red.

«La vida en Italia no está nada mal, ¿eh, Phil?», le dijo Billy a su nuevo compañero tras el pitido final.

«Creo que podré acostumbrarme a esto», respondió Phil, mirando a su alrededor, hacia los miles de aficionados que celebraban el tanto en el estadio Diego Armando Maradona.

El empate dejó a ambos equipos igualados en lo más alto de la tabla, y así continuó el resto de la temporada, mientras los demás aspirantes se descolgaban. Los dos gigantes se disputarían el título.

Los equipos campeones necesitan jugadores campeones, y Scott mejoró aún más sus prestaciones en abril. Marcó cinco goles en tres partidos, lo que le valió el premio al Jugador del

Mes en la Serie A y, lo más importante, nueve puntos vitales para su equipo.

Mientras el Nápoles aceleraba, el Inter tropezaba. Una derrota interista por 1-0 ante la Roma les dio una pequeña ventaja a los napolitanos, que llegaron a la última jornada un punto arriba. El escenario ante el Cagliari era sencillo: si el Nápoles igualaba el resultado del Inter en Como, sería campeón.

Pronto, quedó claro que necesitarían ganar, ya que el Inter se adelantó apenas empezado su encuentro. Cuando la noticia del tanto llegó a Nápoles, los nervios empezaron a hacerse notar, y el equipo local no era capaz de abrir el marcador. Billy estuvo a punto de lograrlo, pero el portero Alen Sherri evitó el gol con una gran parada.

Al borde del descanso, Matteo Politano encontró hueco por la banda derecha. Scott olió la oportunidad y se lanzó al área.

«¡Matteo, estoy solo!», gritó.

No era del todo cierto. Tenía un defensor pegado, y el centro con rosca de Matteo le quedó algo atrás... pero nada de eso importó. Scott se zafó de su marcador y, con una volea acrobática con la pierna derecha, mandó el balón al fondo de la red.

¡Goool del Nápoles!

¡McFratm lo había vuelto a lograr! Había reservado su mejor gol para el partido más importante de la temporada.

El tanto cambió por completo el ambiente en Nápoles, tanto entre los jugadores como en las gradas. Seis minutos después del descanso, Romelu inició una poderosa carrera, se deshizo de dos defensas y batió al portero.

La victoria ya no se les podía escapar. El Nápoles había conquistado el *scudetto* por un solo punto. Scott y Billy se convirtieron en los primeros internacionales escoceses en ganar la Serie A desde 1905.

Y los premios no terminaron ahí para Scott. En reconocimiento a sus 12 goles y sus seis asistencias, fue nombrado MVP (Jugador Más Valioso) de la Serie A, convirtiéndose en el primer futbolista escocés en conseguirlo.

Fue un final glorioso para una temporada extraordinaria del escocés, quien fue nombrado hijo predilecto de Nápoles y, de paso, descubrió su pasión por los tomates.

CLASIFICACIÓN FINAL DE LA SERIE A 2024-25							
Posición	Equipo	PJ	PG	PE	PP	Diferencia de goles	Puntos
1	**Nápoles**	**38**	**24**	**10**	**4**	**32**	**82**
2	Inter	38	24	9	5	44	81
3	Atalanta	38	22	8	8	41	74
4	Juventus	38	18	16	4	23	70
5	Roma	38	20	9	9	21	69
6	Florentina	38	19	8	11	19	65
7	Lazio	38	18	11	9	12	65
8	Milan	38	18	9	11	18	63
9	Bolonia	38	16	14	8	10	62
10	Como	38	13	10	15	-3	49
11	Torino	38	10	14	14	-6	44
12	Udinese	38	12	8	18	-15	44
13	Genoa	38	10	13	15	-12	43
14	Verona	38	10	7	21	-32	37
15	Cagliari	38	9	9	20	-16	36
16	Parma	38	7	15	16	-14	36
17	Lecce	38	8	10	20	-31	34
18	*Émpoli*	*38*	*6*	*13*	*19*	*-26*	*31*
19	*Venezia*	*38*	*5*	*14*	*19*	*-24*	*29*
20	*Monza*	*38*	*3*	*9*	*26*	*-41*	*18*

MÁXIMOS GOLEADORES DE LA SERIE A 2024-25				
		Goles	Asistencias	Partidos
1	Mateo Retegui	25	8	36
2	Moise Kean	19	3	32
3=	Ademola Lookman	15	5	31
3=	Riccardo Orsolini	15	4	30
5=	Romelu Lukaku	14	10	36
5=	Marcus Thuram	14	4	32
7=	Scott McTominay	12	4	34
7=	Lorenzo Lucca	12	1	33
7=	Arten Dovbyk	12	2	32
7=	Lautaro Martínez	12	3	31

LOS CINCO MEJORES PARTIDOS

Partidos que cortan la respiración. Errores, caños, golazos, tarjetas rojas, remontadas y victorias en el último segundo. Estos cinco encuentros tuvieron de todo…

1 MANCHESTER UNITED 5-4 (7-6) LYON (CUARTOS DE FINAL DE LA EUROPA LEAGUE, PARTIDO DE VUELTA)

Tras una temporada en la Premier League para olvidar, todas las esperanzas del Manchester United recaían en la Europa League. Después de empatar 2-2 en Francia en el partido de ida, el United partía como favorito para alcanzar las semifinales.

Cuando se adelantaron 2-0 en el partido de vuelta, los jugadores del United respiraron aliviados. Sin embargo, el Lyon no iba a dar su brazo a torcer. Dos goles en seis minutos de la segunda parte igualaron la eliminatoria. De repente, ¡el United entró en pánico!

Pero el partido dio otro giro cuando Corentin Tolisso, autor del primer gol del Lyon, fue expulsado en el minuto 89.

Con la ventaja de jugar en casa y con un hombre más, el encuentro se inclinaba una vez más a favor del United. O eso parecía...

Porque, tras 20 minutos de prórroga, el Lyon se repuso pese a jugar con un hombre menos y logró marcar dos goles más. Se imponían 2-4 en el partido ¡y 6-4 en el global!

Los aficionados del United ya habían visto suficiente. Con solo diez minutos por jugar, muchos decidieron abandonar el campo.

«El United necesita algo más que un milagro», declaró el comentarista Rio Ferdinand.

Y eso fue exactamente lo que ocurrió...

En el minuto 114, Bruno Fernandes logró el 4-3.

En el minuto 120, Kobbie Mainoo consiguió el empate.

Y, en el tiempo añadido de la prórroga, ¡el central Harry Maguire anotó un tanto de cabeza!

Jugadores suplentes y cuerpo técnico invadieron el campo mientras Maguire corría celebrando el gol. Fue un partido completamente loco, 120 minutos de puro espectáculo. Y, al final, el Manchester United se llevó el gato al agua.

2 BARCELONA 4-3 REAL MADRID (LALIGA)

Hay una razón por la que un partido entre el Barcelona y el Real Madrid se llama «el clásico». Estos encuentros rara vez decepcionan, y, en la temporada 2024-25, pudimos disfrutar de cuatro nuevos duelos. Con 23 goles, cuatro tarjetas rojas y dos títulos en juego, podríamos haber elegido cualquiera para nuestro top cinco. Pero nos quedamos con el cuarto y último por el espectáculo que ofreció.

El Real Madrid se adelantó con dos goles en apenas 14 minutos, ambos obra de su estrella Kylian Mbappé. Era un partido que estaban obligados a ganar: una victoria les acercaría a solo un punto del Barça en LaLiga, a falta de tres jornadas por disputarse.

El Barcelona, sin embargo, sabía que no podía permitirse una derrota, y el doblete de Mbappé les sirvió de despertador. Los azulgranas le dieron la vuelta al marcador gracias a tres asistencias de Ferran Torres y otra de Pedri, que se tradujeron en goles de

Eric García, Lamine Yamal y Raphinha (por partida doble). ¡Y el partido ni siquiera había llegado al descanso!

En la segunda parte, Mbappé completó su *hat-trick*, pero el Madrid no logró marcar el cuarto tanto que hubiera igualado el partido. El Barça se quedaba con la victoria y el título estaba cada vez más cerca.

3 INTER DE MILÁN 4-3 (7-6) BARCELONA (SEMIFINAL DE LA LIGA DE CHAMPIONS LEAGUE, PARTIDO DE VUELTA)

La ida se convirtió en un partido para el recuerdo... ¡y la vuelta fue aún mejor! Con todo por decidir y un global de 3-3, ambos equipos salieron en busca de la gloria.

Como en el primer partido, el Inter se puso 2-0 por delante antes del descanso. Pero, cumplida la hora de juego, el Barcelona ya había igualado el partido con goles de Eric García y Dani Olmo... y quería más. Yamal volvió a mostrarse imparable. Y, cuando Raphinha marcó un golazo en el minuto 87, todo apuntaba a que el Barça se metería en la final de la Champions League.

Pero ese Inter no era de los equipos que se rendían. Lanzaron a todos sus hombres al ataque, incluido el veterano defensor Francesco Acerbi, de treinta y siete años, quien se convirtió en el héroe interista al lograr el empate en el minuto 93.

La eliminatoria se decidiría en la prórroga. Fue entonces cuando Davide Frattesi marcó un tanto en el minuto 99 que abrió las puertas de la final al Inter.

Fue un partido que nadie quería que terminase... pero todo llega a su fin. Al concluir el encuentro, el Inter de Milán lo celebró por todo lo alto, mientras los aficionados de todo el mundo trataban de recuperar el aliento.

4 MANCHESTER CITY 2-2 ARSENAL (PREMIER LEAGUE)

A pesar de disputarse en septiembre, este duelo ya se presentaba como uno de los encuentros decisivos para el título: el Manchester City, vigente campeón de la Premier League, frente al Arsenal, subcampeón en las dos últimas temporadas.

El Arsenal no ganaba en el Etihad Stadium desde 2015.

¿Podrían por fin imponerse al City?

Aunque el City se adelantó pronto con un gol de Erling Haaland, el Arsenal logró reaccionar. Un golazo de Riccardo Calafiori y un cabezazo de Gabriel Magalhães pusieron al conjunto londinense 1-2.

Entonces, llegó una jugada que marcaría el devenir del partido. Leandro Trossard fue expulsado en el descuento de la primera parte por despejar el balón con una patada, y el partido cambió por completo.

A pesar de todo, el Arsenal salió en la segunda mitad decidido a no dejar escapar su ventaja. Todo el equipo se replegó en su propio campo, haciendo lo imposible para evitar el empate. En respuesta, el City adelantó todas sus líneas y empezó a bombardear el área contraria.

Hubo un total de 28 disparos en la segunda parte: la cifra más alta jamás registrada en una mitad de la Premier League, en la que el Arsenal tuvo solo un 12,5 % de posesión. Fue una segunda parte (y un partido) que tuvo de todo, incluido el empate agónico de John Stones en el minuto 98.

5 MANCHESTER UNITED 2-2 MANCHESTER CITY (WSL)

Con la Champions League en juego, este derbi de Mánchester tenía un plus de tensión. El United necesitaba solo un punto para clasificarse para la Champions, mientras que el City tenía que ganar para mantener alguna esperanza de luchar por disputar la competición europea.

El City empezó con fuerza y logró una ventaja de dos tantos en apenas 42 minutos. Pero, tres minutos después, Grace Clinton recortó distancias para el United. Y, mediada la segunda parte, Melvine Malard igualó el encuentro, lo que dejó al United a un paso de Europa.

Pero la alegría duró poco. Solo un minuto después del gol de Malard, la suplente del United Aoife Mannion fue expulsada tras ver una segunda tarjeta amarilla. ¡El United tendría que jugar los últimos 20 minutos con solo diez jugadoras!

Old Trafford vibraba mientras las jugadoras del United se afanaban por desbaratar los continuos ataques del City. Las locales empujaron con todo; incluso su portera, Khiara Keating, se animó a subir a rematar en los últimos instantes, pero no fue suficiente.

Al final, las jugadoras del United consiguieron su objetivo. Habían logrado aguantar el chaparrón y el pase para la Champions fue su recompensa.

BUNDESLIGA

LO MEJOR DE LA BUNDESLIGA 2024-25

Su palmarés era tan impresionante como extenso. Máximo goleador histórico de Inglaterra. Tres botas de oro de la Premier League. Máximo goleador del Tottenham Hotspur. Pichichi del Mundial y de la EURO, por nombrar solo algunos reconocimientos.

Y, a pesar de todos los galardones individuales y de un sinfín de goles, Harry Kane nunca había ganado un trofeo importante ni con su club ni con su selección.

No es que no hubiera estado cerca. Había sufrido derrotas en finales de copa con los Spurs, había logrado un subcampeonato en la Premier League y disputar dos finales de la EURO con Inglaterra, pero siempre se había quedado a las puertas de la gloria.

Luego, llegó la temporada 2023-24, la primera de Kane en el Bayern Múnich.

El capitán inglés aterrizó en Alemania con grandes expectativas. Su nuevo equipo era el rey del fútbol alemán y había conquistado las últimas 11 Bundesligas. Se adaptó a toda velocidad, y anotó 44 goles en todas las competiciones durante su primera temporada, lo que le permitió llevarse la Bota de Oro como máximo goleador europeo.

Sin embargo, a pesar de una primera etapa tan destacada en el Bayern Múnich, Kane y el resto del equipo acabaron la temporada en blanco. Sus sueños fueron truncados por el sorprendente Bayer 04 Leverkusen, un equipo que no perdió ningún partido en su camino hacia el título de la Bundesliga y que se llevó también la Copa de Alemania. Este tipo de cosas no solían ocurrirle al Bayern. Así que, cuando llegó la siguiente temporada, Kane solo tenía una cosa en mente.

«Lo importante es ganar títulos», dijo Harry ante una sala llena de periodistas.

«La pregunta es: ¿cómo detenemos al imparable Leverkusen?», le comentó después a su compañero Thomas Müller, cuando las cámaras de televisión ya se habían ido.

«Eso es fácil, amigo mío. Ganando todos los partidos posibles», respondió Müller, un ganador insaciable que había participado en los 11 títulos de la Bundesliga.

«¿Y cuál es la manera más fácil de ganar partidos?» ¡Que tú metas más goles!» exclamó Müller mientras saltaba y movía los brazos, imitando la famosa celebración de Kane.

Con ese objetivo, el Bayern logró imponerse al Wolfsburgo y al Friburgo. Luego, derrotó cómodamente al recién ascendido Holstein Kiel. El internacional alemán Jamal Musiala abrió la goleada con un tanto a los 13 segundos, mientras que el exjugador del Crystal Palace, Michael Olise, también se estrenó como goleador con su nuevo club.

Y Harry no iba a ser menos. Cuando anotó su tercer gol (su quinto *hat-trick* con el club alemán), el Bayern ya había endosado seis tantos a su rival y se colocaba en lo alto de la tabla.

La fiesta goleadora continuó con un contundente 5-0 ante el Werder Bremen, y Harry batió otro récord por el camino. Su gol número 41 lo convirtió en el jugador inglés que había conseguido más tantos en la Bundesliga, al superar la marca de Jadon Sancho.

«Tendré que mencionárselo a Jadon la próxima vez que nos veamos en un partido con Inglaterra», bromeó Harry con su compañero y paisano Eric Dier.

De hecho, el único partido de liga que el Bayern no ganó en los dos primeros meses de la temporada fue contra el Leverkusen. Pero lo más importante fue que tampoco lo perdió.

Cuando Robert Andrich adelantó a los vigentes campeones a mitad de la primera parte, los jugadores del Bayern (y la mayoría de los aficionados en el Allianz Arena) podrían haber pensado que les tocaba revivir la pesadilla de la temporada anterior.

Sin embargo, ese equipo tenía una determinación renovada y, apenas ocho minutos después, un gol espectacular de Aleksandar Pavlović desde fuera del área igualó el marcador.

Gracias al empate, el equipo se mantuvo líder.

Su récord de victorias consecutivas se había esfumado, pero el entrenador del Bayern, Vincent Kompany, disipó enseguida cualquier sentimiento negativo. «Está claro que queremos ganar todos los partidos que jugamos, chicos, pero, hoy, lo más importante era mostrarle al Leverkusen que no pueden presentarse y vencernos así como así. Ahora, saben que el Bayern está listo para la pelea», les dijo a sus jugadores en el vestuario.

Harry conocía de sobras a Vincent. Durante muchos años, ambos habían protagonizado duelos feroces en la Premier

League. Tottenham contra Manchester City. Delantero estrella contra defensa implacable. Capitán contra capitán.

Ahora, en el mismo equipo, su relación era muy diferente. «Ya no tengo ningún tipo de problema para que marques todos los goles que puedas», bromeó Vincent.

Tres de esos goles de Harry llegaron contra el Stuttgart, en un *hat-trick* que fue una demostración de todas las cualidades del juego ofensivo del inglés. El primer tanto fue un potente disparo desde larga distancia al ángulo inferior. El segundo, un sutil toque por encima de un defensor antes de empujar el balón al fondo de la red. El tercero puso de manifiesto su instinto depredador al reaccionar más rápido que nadie a un rechace dentro del área pequeña.

Y, por si eso no fuera suficiente, Harry repitió la hazaña contra el Augsburgo al marcar los tres goles de la victoria de su equipo, incluidos dos penaltis ejecutados con absoluta tranquilidad.

«Trabajo mucho los penaltis. Son una parte importante del juego. Por supuesto, he fallado muchos en los entrenamientos, pero ¡ese es el momento para fallarlos!», reveló en una entrevista tras el partido.

A medida que se acercaba el mes de diciembre, el Bayern se iba consolidando en lo más alto de la tabla con una ventaja de siete puntos. Sin embargo, tras 15 temporadas en el vertiginoso mundo del fútbol profesional, Harry había aprendido a no dar nada por sentado. Siempre había algo inesperado a la vuelta de la esquina, y, esta vez, la desagradable sorpresa fue una lesión en el muslo que le mantuvo fuera del equipo durante tres semanas, coincidiendo con la primera derrota de la temporada de los líderes de la Bundesliga ante el Mainz 05.

Harry se mostraba frustrado en la banda.

«Estoy deseando jugar y ayudar a los chicos», le dijo a Thomas.

«Paciencia. Tenemos un gran equipo. Lo que necesitamos es que te recuperes por completo y puedas ayudarnos a ser aún mejores», respondió su compañero con calma.

Thomas tenía razón. Harry reapareció y el equipo logró una nueva goleada por 5-1 ante el RB Leipzig, que inició una racha de siete victorias consecutivas en liga, a la que contribuyó con siete goles. Cuando finalmente la racha terminó con un empate sin goles contra el Leverkusen, el Bayern mantenía una cómoda ventaja de ocho puntos.

El título estaba en sus manos. Y, esta vez, el Bayern no iba a permitir que nadie se lo arrebatara.

El gol inicial de Harry en la aplastante victoria por 4-0 ante el Heidenheim reforzó su dominio en la Bundesliga. Ese tanto fue especial porque convirtió a Harry en el jugador en alcanzar 60 goles en menos tiempo en la historia de la Bundesliga. Solo le hicieron falta 60 partidos y, con su marca, superó el récord de Erling Haaland.

Pero Harry no pensaba en récords individuales. «Todo lo que quiero es levantar ese trofeo de la Bundesliga contigo y con los chicos», le dijo a Eric, quien también había sido partícipe de muchos sinsabores con los Spurs y con la selección inglesa.

Pronto, la decepcionante temporada 2023-24 se convirtió en un lejano recuerdo. Un empate a tres ante el RB Leipzig supuso que el Bayern acariciara el título, que finalmente llegó al día siguiente, cuando el Leverkusen no pudo vencer al Friburgo.

¡El Bayern se proclamaba campeón!

Mientras sus compañeros celebraban la conquista de la Bundesliga por 34.ª ocasión en su historia, Harry disfrutaba de una sensación completamente nueva... y no podía ser más dulce.

«Ha sido un largo camino. Obviamente, ha supuesto mucho esfuerzo y dedicación. Ganar este título, el primero de mi carrera, es una sensación increíble», declaró a los medios mientras comenzaban las celebraciones.

Y, apenas pronunciadas esas palabras, Harry ya estaba pensando en ganar su próximo título.

CLASIFICACIÓN FINAL DE LA BUNDESLIGA 2024-25							
Posición	Equipo	PJ	PG	PE	PP	Diferencia de goles	Puntos
1	**Bayern Múnich**	**34**	**25**	**7**	**2**	**67**	**82**
2	Bayer Leverkusen	34	19	12	3	29	39
3	Eintracht	34	17	9	8	22	60
4	Borussia Dortmund	34	17	6	11	20	57
5	Friburgo	34	16	7	11	-4	55
6	Mainz 05	34	14	10	10	12	52
7	Leipzig	34	13	12	9	5	51
8	Werder Bremen	34	14	9	11	-3	51
9	Stuttgart	34	14	8	12	11	50
10	Borussia M'gladbach	34	13	6	15	-2	45
11	Wolfsburgo	34	11	10	46	2	43
12	Augsburgo	34	11	10	13	-16	43
13	Unión Berlín	34	10	10	14	-16	40
14	St. Pauli	34	8	8	18	-13	32
15	Hoffenheim	34	7	11	16	-22	32
16	*Heidenheim*	*34*	*8*	*5*	*21*	*-27*	*29*
17	*Holstein Kiel*	*34*	*6*	*7*	*21*	*-31*	*25*
18	*Bochum*	*34*	*6*	*7*	*21*	*-31*	*25*

MÁXIMOS GOLEADORES DE LA BUNDESLIGA 2024-25				
		Goles	Asistencias	Partidos
1	Harry Kane	26	10	31
2=	Patrick Schick	21	1	31
2=	Serhou Guirassy	21	4	30
4	Jonathan Burkardt	18	3	29
5	Tim Kleindienst	16	9	31
6=	Omar Marmoush	15	10	17
6=	Hugo Ekitiké	15	8	33
6=	Ermedin Demirović	15	2	34
9	Benjamin Šeško	13	5	33
10	Nick Woltemade	12	2	28

LOS CINCO MEJORES FICHAJES

En cada ventana de fichajes, los aficionados exigen que sus clubes se gasten una millonada para contratar a sus próximas superestrellas. ¡Y la inversión desde luego mereció la pena en el caso de estos cinco jugadores!

1 SCOTT MCTOMINAY (DEL MANCHESTER UNITED AL NÁPOLES: 29,7 MILLONES DE €)

Es fácil entender por qué el exentrenador del Manchester United, Erik ten Hag, no quería vender a Scott McTominay. En su temporada de debut en Italia, McTominay fue nombrado MVP (Jugador Más Valioso) de la Serie A, marcó 12 goles, dio seis asistencias, ganó el título de liga y se convirtió en un ídolo del Nápoles.

Actuando como mediapunta, McTominay demostró ser un jugador contundente en el choque (sus 208 duelos ganados fueron la segunda cifra más alta de toda la liga), un goleador determinante (ocho de sus doce tantos llegaron con empate a cero en el marcador) y un compañero letal para el delantero Romelu Lukaku.

Los aficionados le apodaron McFratm, que viene a significar algo así como «McBro». Le dedicaron cánticos, acudían a los partidos con faldas escocesas, se tatuaron su imagen e incluso llegaron a crear un altar en su honor.

2 KHVICHA KVARATSKHELIA (DEL NÁPOLES AL PSG: 68 MILLONES DE €)

El PSG, el campeón más dominante en la historia de la Champions League, estuvo a punto de quedarse fuera en la fase de grupos. Tras seis partidos disputados, los campeones franceses ocupaban la vigésimo quinta posición (una por debajo de los puestos que daban acceso a la clasificación para las rondas eliminatorias). Solo tenían dos partidos para cambiar su suerte. ¿Y qué hicieron?

Ficharon a Kvaratskhelia.

El tenaz mediapunta se adueñó de la banda izquierda del equipo galo y mostró su talento de inmediato. Se prodigó en los regates, goles y asistencias, y, lo más importante para el entrenador Luis Enrique, trabajó como el que más por el equipo.

A pesar de que en la Champions League no pudo participar con su nuevo conjunto hasta la fase de eliminatorias, cuando por fin tuvo su oportunidad, la aprovechó con creces. En los nueve partidos europeos que disputó Kvaradona, el PSG marcó un total de 24 goles. Pero, más allá de eso, el equipo pasó a desplegar un fútbol espectacular.

Gran parte del mérito fue de su fichaje estrella georgiano, que cerró una temporada fantástica levantando los títulos de la Ligue 1, la Serie A, la Copa de Francia y la Champions League. ¡Menudo botín!

3 MATZ SELS (DEL ESTRASBURGO AL NOTTINGHAM FOREST: 5,9 MILLONES DE €)

La incorporación de un portero que había sido suplente en la Championship no fue precisamente algo que entusiasmara a los aficionados del Nottingham Forest. Muchos ni siquiera habían oído hablar de Matz Sels, que solo había disputado nueve partidos con el Newcastle durante un breve paso por la segunda división del fútbol inglés.

¿Si no había jugado ni en la Championship cómo iba a ser capaz de dar el salto a la Premier League desde su último club, el Estrasburgo?

Sels pensaba dejar en evidencia a todos los escépticos.

A lo largo de la temporada en la Premier League, realizó 120 paradas. ¡Solo tres porteros lo superaron! De hecho, Sels detuvo el 72,1 % de los tiros que recibió, la segunda cifra más alta de toda la liga.

En marzo de 2025, ganó el premio a la mejor parada del mes con una intervención increíble frente al Liverpool. Y, en mayo, Sels compartió el premio del Guante de Oro de la Premier League con David Raya, del Arsenal, tras mantener 13 porterías a cero, ¡nueve más que las que había logrado el Forest la temporada anterior! Las meritorias intervenciones de Sels catapultaron al Forest de ser un claro aspirante al descenso a disputar la clasificación europea. ¡Excelente fichaje!

4 MARIONA CALDENTEY (DEL BARCELONA AL ARSENAL: LIBRE)

Había ganado 25 títulos en diez años con el Barcelona, además de una Copa Mundial con España. Con semejante palmarés, el Arsenal la incluyó en su agenda como una de las mejores jugadoras del mundo capaz de llevar al club al siguiente nivel. ¡Tenían que ficharla!

Y, al finalizar su contrato con el Barcelona, no lo dudaron ni un segundo.

A los pocos días de llegar al norte de Londres, Caldentey demostró su clase. Asumió el dorsal número 8 y se integró de inmediato en el centro del campo del Arsenal, donde se adaptó cómodamente a jugar tanto de mediapunta como de extremo o de centrocampista más retrasada.

Gracias a ello, durante la temporada 2024-25 de la WSL, sus 14 intervenciones de gol (nueve tantos y cinco asistencias) solo fueron superadas por Elisabeth Terland y Viviane Asseyi, mientras que solo Kate McCabe logró superar sus 43 oportunidades generadas.

En reconocimiento a su increíble temporada, Caldentey recibió el premio a la Jugadora del Año del Arsenal y también el premio a la Jugadora del Año de la WSL, el principal galardón del fútbol profesional femenino.

«Es una futbolista total», dijo la entrenadora Renée Slegers.

El Arsenal acertó con su fichaje: Caldentey había demostrado su enorme clase, y, en mayo de 2025, ayudó a que el Arsenal alcanzara cotas impensables al ganar la Champions League.

5 KYLIAN MBAPPÉ (DEL PSG AL REAL MADRID: LIBRE)

El Real Madrid había perseguido este fichaje durante años. Y, por fin, lo consiguió. Cuando Mbappé se puso la camiseta blanca por primera vez en su presentación oficial, 80.000 aficionados lo recibieron con la mirada llena de ilusión. Ahora sí que serían invencibles…

¿O no?

Porque, al empezar la temporada, surgió un problema: Mbappé y el Real Madrid no encontraban su mejor versión. Su nuevo delantero solo había marcado tres goles en 11 partidos e incluso había fallado penaltis decisivos en las derrotas contra el Liverpool y el Athletic de Bilbao.

«No podía hacerlo peor, así que, cuando tocas fondo, solo puedes subir. Estaba pensando demasiado... Cuando le das demasiadas vueltas a las cosas, no te centras en tu juego», declaró sobre esos fallos.

Así que se volvió a centrar y escaló desde el fondo hasta la cima. Al final de la temporada, Mbappé había completado una de las mejores temporadas como debutante de la historia de cualquier delantero del Real Madrid. Con 42 goles en 55 partidos, se llevó la Bota de Oro europea y el premio al máximo goleador de LaLiga: el Pichichi.

Su adaptación tardó un poco en cuajar, pero, cuando todo parecía funcionar, ¿quién iba a ser capaz de parar a Mbappé y al Real Madrid?

LALIGA

LO MEJOR DE LALIGA 2024-25

«¡Vamos!».

Lamine Yamal apenas podía contener su emoción al llegar a la ciudad deportiva del FC Barcelona.

«¡Vamos!», volvió a gritar, y, entonces, vio a Raphinha y a Dani Olmo, que lo recibieron con un cálido abrazo y un par de choques con la mano.

Lamine estaba pletórico. Apenas unas semanas antes, la estrella española había sido el centro de atención del mundo del fútbol, convirtiéndose en el jugador más joven en participar y ganar la EURO.

Ahora, tras unas cortas vacaciones, estaba listo para enfrentarse a su siguiente desafío.

«¿Cómo te encuentras, Lamine?», le preguntó su nuevo entrenador, Hansi Flick, para saber si el joven extremo podía estar algo fatigado tras el esfuerzo que había realizado durante el verano con su selección. «Me pregunto si deberíamos ir incorporándote poco a poco a la nueva temporada».

Lamine levantó la vista con asombro y respondió sin el menor atisbo de duda:

«Estoy listo para ayudar al Barça a volver a lo más alto de LaLiga, míster… ¡Y no puedo hacerlo sentado en el banquillo!».

Hansi no debería haberse sorprendido. Aunque ya habían pasado diez años desde que Lamine llegara al club blaugrana, todavía era un joven de diecisiete años. Y, como la mayoría de los jóvenes jugadores, solo pensaba en jugar.

Así, el 17 de agosto de 2024, un mes después de disputar la final de la EURO, Lamine siguió haciendo de las suyas, como quedó bien claro con el pase exquisito que dejó a Robert Lewandowski solo ante el portero del Valencia y que servía para lograr la primera victoria de la temporada del Barça.

Lejos de demostrar cansancio, Lamine tuvo un papel fundamental en los primeros partidos de la temporada. Marcó su primer gol con un disparo desde fuera del área para batir al Athletic Club. Dio la asistencia a Olmo en el gol de la victoria contra el Rayo Vallecano. Le siguieron dos asistencias más contra el Real Valladolid, un par de goles en Girona y otra asistencia en Villarreal.

«Menudo inicio de temporada... Aunque aún nos queda el test más complicado», le dijo Raphinha a Lamine después de conseguir su séptima victoria consecutiva en liga.

Para el Barça, eso solo podía significar una cosa: su enfrentamiento contra el Real Madrid, el clásico, el encuentro entre los dos mayores rivales del fútbol mundial.

Tras debutar en el primer equipo con apenas quince años, Lamine había sufrido varias decepciones contra el Madrid. No le gustaba perder, pero hacerlo frente a sus archirrivales era diez veces peor. Estaba decidido a que esta vez fuera diferente, aunque fuese en la fortaleza del equipo blanco: el Estadio Bernabéu. No iba a ser nada fácil.

El Madrid contaba con superestrellas como Kylian Mbappé, Vinicius Jr. y Jude Bellingham. Los vigentes campeones de LaLiga buscaban extender su racha invicta en la competición a 43 partidos, para igualar el récord del propio Barcelona.

Hansi confió en los jóvenes de la cantera para el gran partido, entre los que destacaba la figura de Lamine. A los jóvenes les encantaba practicar un fútbol trepidante, vertiginoso y vigoroso, que aterrorizaba a las defensas rivales, y, en la segunda parte, le llegó el turno al Real Madrid. Dos goles en tres minutos de Lewandowski (uno con su letal diestra y otro con un cabezazo impecable) dejaron muy tocado equipo local.

«No está mal para alguien que te dobla la edad», bromeó el delantero de treinta y seis años con Lamine.

A continuación, le tocó el turno a Lamine. Mientras Raphinha se lanzaba al ataque y los defensas del Madrid trataban con desesperación de cerrarle el paso, Lamine se encontró con espacio en el costado derecho del área.

«¡Pásamela!», le gritó a su capitán, que le metió un pase al hueco perfectamente medido.

Zurdo nato, Lamine demostró que era igual de peligroso con la derecha, y colocó el balón en la escuadra.

La joven promesa salió corriendo a celebrarlo, señalando su camiseta y el nombre que llevaba a la espalda.

Esa noche nadie olvidaría su nombre.

Lamine acababa de convertirse en el goleador más joven de la historia del clásico. Otro récord que celebrar, aunque, antes, pudo ver cómo Raphinha picaba el balón por encima del portero rival, Andriy Lunin, para cerrar un histórico 0-4, que suponía que el Barça se distanciara seis puntos de su eterno rival.

Los jugadores blaugranas estaban eufóricos tras el encuentro: el vestuario era una fiesta.

«¡Una noche increíble! Imagínate la fiesta que habrá ahora en Barcelona», le dijo Raphinha a Lamine.

Sin embargo, las celebraciones (y la ventaja de seis puntos) no duraron mucho.

El Barça sufrió un inesperado bajón de forma y, a comienzos de 2025, se encontraba por detrás de los dos equipos madrileños: el Real Madrid y su vecino, el Atlético.

Las cosas también se torcieron fuera del campo. Lamine sufrió dos lesiones en el tobillo en poco tiempo y tuvo que perderse varios partidos.

Robert trató de consolarlo.

«Recuerda, Lamine. Esto es un maratón, no un esprint. En una liga, siempre hay giros y altibajos… y todavía quedan muchos por venir», le explicó el experimentado delantero polaco a la joven estrella.

«Vale, pero esperemos que no haya más giros de tobillo», bromeó Lamine con una mueca.

Fue otro partido contra el Real Madrid el que volvió a encender la chispa del Barça. Esta vez se trataba de la final de la Supercopa de España, pero el resultado fue el mismo: el Barcelona aplastó a su rival. Lamine, recuperado y en plena forma, abrió la goleada con una definición deliciosa pegada al palo.

A partir de ahí, los goles y las victorias no dejaron de llegar: siete tantos al Valencia, cuatro en el campo del Sevilla, otros cuatro ante la Real Sociedad... El Barça había vuelto a meterse de lleno en la lucha por el título y, cuando viajó a Madrid en marzo para disputar un partido crucial contra el Atlético, la clasificación no podía estar más apretada.

Una victoria les colocaría por delante del Real Madrid; una derrota, en cambio, daría ventaja al Atlético. Y, con solo 20 minutos por jugar y el marcador 2-0 a favor de los locales, el tropiezo parecía inevitable.

«Vamos, chicos, seguid luchando. Con un gol nos metemos de nuevo en el partido», animó el portero Wojciech Szczęsny a sus compañeros.

Si había un jugador sobre el terreno de juego con experiencia, ese era Wojciech. Se había retirado del fútbol el verano anterior, pero el Barcelona le convenció para que volviera a ponerse los guantes cuando el guardameta titular, Marc-André ter Stegen, sufrió una grave lesión.

Las palabras de ánimo de Wojciech le dieron un nuevo impulso al equipo. Robert aprovechó una ocasión en el área para recortar distancias y, poco después, Ferran Torres cabeceó a la red para igualar el encuentro. El partido entraba en el tiempo añadido, y el Atlético se aferraba como podía al empate.

Pero Lamine no estaba dispuesto a conformarse con un punto. Recogió el balón al borde del área, recortó hacia dentro ante un defensa y soltó un zurdazo raso, que fue desviado ligeramente por un rival.

Minutos después, otro gol de Ferran dejó el marcador visto para sentencia.

El Barça había vuelto a demostrar que no se rendía, y esta confianza acompañó al equipo hasta el final de la temporada.

El Barcelona se mostraba imparable, como lo confirmó un nuevo triunfo por 3-2 en la final de la Copa del Rey ante el Real

Madrid, tras la prórroga. Distinta competición, mismo resultado. Lo único que había cambiado era el color de pelo de Lamine, ahora de un rubio chillón.

«¡Me teñí porque me aburría en casa!», reveló a los periodistas después del partido.

Aburrido, desde luego, no era el fútbol del Barcelona, sino vibrante y lleno de energía. Y, cuando se volvieron a enfrentar al Madrid un par de semanas más tarde, sabían que una victoria les dejaría a un paso del título.

Una vez más, concedieron a su rival una ventaja de dos goles, ambos tantos logrados por Mbappé. No obstante, antes del descanso el equipo blaugrana ya había logrado remontar con cuatro dianas, incluido otro golazo desde fuera del área de Lamine. Mbappé completó su *hat-trick*, pero no fue suficiente.

Por primera vez desde 1983, el Barcelona había ganado los cuatro Clásicos en una misma temporada, marcando la asombrosa cifra de 16 goles.

Les quedaba sentenciar LaLiga, y lo lograron cuatro días después. Una cómoda victoria por 0-2 ante el Espanyol supuso que el Barça se proclamara campeón con dos jornadas de margen.

El primer tanto, un disparo con efecto desde fuera del área de Lamine, fue otra muestra más de su aportación extraordinaria a la brillante temporada liguera del equipo.

En total, 35 partidos, 9 goles, 13 asistencias... y un cambio de color de pelo.

CLASIFICACIÓN FINAL DE LALIGA 2024-25							
Posición	Equipo	PJ	PG	PE	PP	Diferencia de goles	Puntos
1	**Barcelona**	**38**	**28**	**4**	**6**	**63**	**88**
2	Real Madrid	38	26	6	6	40	84
3	Atlético de Madrid	38	22	10	6	38	76
4	Athletic Club	38	19	13	6	25	70
5	Villarreal	38	20	10	8	20	70
6	Betis	38	16	12	10	7	60
7	Celta	38	16	7	15	2	55
8	Rayo Vallecano	38	13	13	12	-4	52
9	Osasuna	38	12	16	10	-4	52
10	Mallorca	38	13	9	16	-9	48
11	Real Sociedad	38	13	7	18	-11	46
12	Valencia	38	11	13	14	-10	46
13	Getafe	38	11	9	18	-5	42
14	Espanyol	38	11	9	18	-11	42
15	Alavés	38	10	12	16	-10	42
16	Girona	38	11	8	19	-16	41
17	Sevilla	38	10	11	17	-13	41
18	*Leganés*	*38*	*9*	*13*	*16*	*-17*	*40*
19	*Las Palmas*	*38*	*8*	*8*	*22*	*-21*	*32*
20	*Valladolid*	*38*	*4*	*4*	*30*	*-64*	*16*

MÁXIMOS GOLEADORES DE LALIGA 2024-25				
		Goles	Asistencias	Partidos
1	Kylian Mbappé	31	3	34
2	Robert Lewandowski	27	2	34
3	Ante Budimir	21	4	38
4	Alexander Sørloth	20	2	35
5	Ayoze Pérez	19	2	30
6	Raphinha	18	9	36
7	Julián Alvarez	17	4	37
8	Oihan Sancet	15	1	29
9	Kike García	13	0	35
10	Javier Puado	12	4	35

LOS CINCO MEJORES ENTRENADORES

A estos entrenadores no les tembló el pulso a la hora de tomar decisiones... y, en algunos casos, eso se tradujo en que lo ganaron absolutamente todo. Te presentamos a cinco técnicos que bordaron una temporada excelente.

1 NUNO ESPÍRITO SANTO

¿Cómo se pasa de evitar el descenso en la última jornada de la temporada 2023-24 a luchar por una plaza en la Champions League tan solo 12 meses después?

La respuesta es que Nuno Espírito Santo pueda completar su primera temporada al frente del Nottingham Forest.

Tras terminar en un discreto decimoséptimo puesto en la temporada anterior, muchos pronosticaban que el Forest volvería a sufrir y que quizá incluso descendería.

Pero Nuno transformó al equipo gracias a un trabajo táctico brillante, con el que logró una consistencia defensiva sólida y un estilo de contragolpe letal. Los nuevos fichajes Matz Sels y Nikola Milenković consiguieron dejar la portería a cero en 13 ocasiones; Morgan Gibbs-White aportó talento y creatividad; Anthony Elanga y Callum Hudson-Odoi, velocidad; mientras que Chris Wood se encargó de los goles.

Aunque cayeron ante el Chelsea en la última jornada, el Nottingham Forest se clasificó para competiciones europeas por primera vez en treinta años.

2 LUIS ENRIQUE

Ocurrió algo increíble en París. El entrenador Luis Enrique consiguió que el PSG... ¡cayera simpático!

Y, además, ¡logró mejorar notablemente su juego! Sí, a pesar de perder a su mejor jugador, Kylian Mbappé, Luis Enrique hizo que el equipo alcanzara una nueva dimensión.

En lugar de convertir al PSG en un grupo de superestrellas, su principal objetivo era transformar al equipo en un conjunto joven y ambicioso, en el que cada jugador estuviera dispuesto a trabajar el uno por el otro.

Se convirtieron en el conjunto más en forma del mundo y, además, desplegaron un fútbol espectacular.

Todos se sacrificarían por el equipo. Nada de egos.

Y, con Luis Enrique al mando, funcionó a la perfección.

El PSG conquistó su primera Champions League y logró su primer cuarteto de títulos. Luis Enrique se convirtió en el séptimo entrenador de la historia en ganar la Champions con dos clubes distintos y en el segundo en lograr un triplete con dos equipos diferentes.

3 SONIA BOMPASTOR

Durante sus doce años al frente del Chelsea, Emma Hayes ganó siete títulos de la WSL, cinco FA Cups y dos Copas de la Liga. Sin duda, era la mejor entrenadora del fútbol inglés.

Así que, cuando anunció su marcha, los rivales del Chelsea respiraron más tranquilos. ¿Quizá esta sería su oportunidad? Era comprensible pensar que la nueva entrenadora del equipo tendría muy complicado acercarse a las cotas de éxito de su predecesora.

Pero ¡nada más lejos de la realidad! La ex del Lyon, Sonia Bompastor, hizo que el fútbol inglés pareciera sencillo, barriendo a toda la competencia doméstica.

Se adaptó a su nuevo trabajo en Inglaterra tan rápido que batió un récord con el mejor inicio de temporada en la WSL: siete victorias de siete posibles.

A pesar de las lesiones de estrellas como Sam Kerr, Bompastor supo gestionar a la perfección su plantilla, haciendo que las jugadoras rotaran para mantenerlas frescas y dando oportunidades a jóvenes promesas.

Y su plan funcionó. El Chelsea había perdido sus tres finales anteriores de la Copa de la Liga, pero, con Bompastor al mando, se impuso al Manchester City por 2-1. Más tarde, vencieron por 3-0 en la final de la FA Cup.

Aun así, lo más impresionante fue que establecieron toda una serie de nuevos récords al completar una temporada invictas en la WSL, ganando la liga con una ventaja abrumadora de 12 puntos.

4 RENÉE SLEGERS

El Arsenal protagonizó un inicio de la WSL muy irregular. Bajo la dirección del entrenador Jonas Eidevall, solo lograron ganar uno de los cuatro primeros partidos de liga y, además, habían sido goleadas 5-2 por el Bayern Múnich.

Algo debía cambiar drásticamente, por lo que Eidevall dio un paso al costado y presentó su dimisión. Pero ¿podría la entrenadora interina Renée Slegers, que hasta entonces había sido su asistente, enderezar la temporada?

Bajo la dirección de Slegers, el Arsenal ganó 10 de sus siguientes 11 partidos (y empató el restante), escalando posiciones hasta terminar subcampeonas de la WSL.

Pero Slegers reservó su mejor baza para la Champions League, donde, contra todo pronóstico, derrotaron al Real Madrid, al poderoso Lyon y al vigente campeón, el Barcelona, para alzarse con el trofeo.

5 ANTONIO CONTE

Tras terminar 41 puntos por detrás del Inter de Milán en una fallida defensa del título, el Nápoles necesitaba recuperarse. Con ese propósito, ficharon a Antonio Conte como nuevo entrenador.

A pesar de contar solo con el quinto presupuesto más alto de la liga italiana, Conte se propuso demostrar que era un ganador nato. Siempre había levantado títulos con todos los clubes que había dirigido, excepto con el Tottenham.

Conte fichó con inteligencia e incorporó a Romelu Lukaku, a Billy Gilmour, a Scott McTominay y a David Neres. Además, arriesgó tácticamente, poniendo en práctica una presión alta y un juego intenso. Y sacó lo mejor de sus jugadores, sobre todo de Scott McTominay.

Ni siquiera la venta de Khvicha Kvaratskhelia al PSG en enero de 2025 pudo frenar al Nápoles, y los hombres de Conte se proclamaron campeones en la última jornada de la liga. De esta forma, Conte se convirtió en el primer entrenador en ganar la Serie A con tres clubes diferentes.

LIGUE 1

LO MEJOR DE LA LIGUE 1 2024-25

La plantilla del Paris Saint-Germain para la temporada 2024-25 tenía un aire distinto.

En años anteriores, el equipo parecía una auténtica colección de superestrellas mundiales del fútbol. Contaban con jugadores como Neymar, Lionel Messi y Kylian Mbappé, estrellas que lo habían ganado todo y cuya fama llegaba a todos los rincones del planeta.

El PSG había dominado el fútbol francés, conquistando 10 de los últimos 12 títulos de la Ligue 1. Sin embargo, tras el fichaje de Kylian por el Real Madrid en el último verano, las tres estrellas habían seguido caminos distintos, y mucha gente se preguntaba cuál sería el futuro del PSG sin ellos.

¿La respuesta?

¡Inmejorable!

Puede que la plantilla tuviera un aire renovado, pero seguía rebosando calidad. Dos de las jóvenes promesas más brillantes del momento (los nuevos fichajes Désiré Doué y João Neves) estaban listos para unirse a jugadores más experimentados, como Marquinhos, el capitán del equipo, el portero Gianluigi Donnarumma y el campeón del mundo Ousmane Dembélé.

Para Ousmane, la nueva temporada suponía un reto especialmente importante.

«Es tu turno. Te toca llenar la ausencia que ha dejado Kylian Mbappé», le explicó su entrenador, Luis Enrique.

«¡Sin presión, míster!», bromeó Ousmane con una sonrisa.

Aunque sonriera, sabía muy bien lo difícil que sería el reto de intentar cubrir la ausencia de su compañero de selección. Kylian había sido nombrado mejor jugador de la Ligue 1 durante cinco años consecutivos.

Pero, si el desafío era de aúpa, Ousmane no parecía intimidado y arrancó la temporada de forma espectacular. Cuatro goles y tres asistencias en los seis primeros partidos ayudaron a impulsar al vigente campeón hasta lo más alto de la clasificación.

Dos de esos goles llegaron en una actuación decisiva contra el Brest. Con su equipo perdiendo 0-1 ante un Parc des Princes hasta la bandera, Ousmane devolvió la sonrisa a los aficionados justo antes del descanso al marcar de cabeza el gol del empate.

En la segunda parte, Ousmane siguió martirizando a sus rivales por la banda derecha y acabó sentenciando el partido al ser el más rápido en aprovechar un rechace.

«¿Quién necesita a Kylian?», bromeó Gianluigi con su compañero tras el encuentro.

Pero no era solo su juego ofensivo lo que marcaba la diferencia. Ousmane se estaba convirtiendo en un auténtico líder sobre el campo. Cuando el PSG no tenía el balón, corría sin descanso para presionar a los rivales. Se erigió en una fuente de inspiración para sus compañeros.

Con un ambiente tan positivo, los jóvenes del equipo empezaron a crecer a pasos agigantados. Su fútbol rápido y fluido, que combinaba velocidad y técnica, era un espectáculo para los aficionados... aunque no tanto para los adversarios.

A finales de octubre, el PSG visitó a su rival por el título, el Olympique de Marsella, que estaba solo a tres puntos en la tabla.

Los campeones dejaron claro que la diferencia era mucho mayor. Cuando el árbitro pitó el descanso, algunos aficionados del Marsella ya abandonaban el Stade Vélodrome, con su equipo perdiendo 0-3 y con un jugador menos.

El PSG solo necesitó siete minutos para abrir el marcador: João anotó desde dentro del área su primer gol con el club. Poco después, una tarjeta roja y un gol en propia puerta complicaron aún más las cosas al equipo local, antes de que Ousmane dejara también su huella en el partido.

Desbordando por la banda derecha y adentrándose en el área, su potente disparo fue repelido por el portero, pero el balón le cayó de nuevo a los pies, como si tuviera un imán. Con los defensas lanzándose hacia él, apenas tuvo una fracción de segundo para decidir.

«¿Intento otro disparo?», pensó, pese a estar muy escorado. «¿O quizá…?»

Por el rabillo del ojo vio a Bradley Barcola.

Un pase raso y preciso al centro. Un disparo de primeras de Bradley.

¡0-3!

El PSG no volvió a marcar en la segunda parte, pero no hizo falta. El trabajo ya estaba hecho, y los parisinos se distanciaron a seis puntos del Marsella.

Eso sí, no podían permitirse relajarse.

Justo antes de Navidad, el Mónaco, en plena racha, asumió el reto de destronar al PSG, que salía con un temible tridente ofensivo formado por Ousmane, Désiré y Bradley.

Todo apuntaba a otra victoria rutinaria cuando Désiré abrió el marcador con una magnífica definición, logrando su primer gol con el club.

«Seguro que es el primero de muchos», le dijo Bradley mientras felicitaba a su compañero.

Sin embargo, dos goles del Mónaco al inicio de la segunda parte dieron la vuelta al marcador. El PSG no había perdido en sus primeros 15 partidos de liga, pero su racha de imbatibilidad estaba en serio peligro.

«Vamos, chicos. Esto no se ha acabado. ¡Seguimos!», animó Ousmane a sus compañeros.

Sabía que debía dar ejemplo y así lo hizo al ser el más rápido en acudir a un rechace dentro del área para, sin dudarlo, empujar el balón y marcar el empate.

Ese fue justo el impulso que necesitaba el PSG. El recién incorporado Gonçalo Ramos puso por delante a los líderes con un cabezazo, y, luego, cuando el Mónaco se volcó en busca del empate, Ousmane aprovechó los espacios a la espalda de la defensa para escaparse y anotar un tanto con su zurda.

Luis Enrique estaba encantado con la forma en que Ousmane estaba respondiendo a sus nuevas responsabilidades. Además de mostrar sus cualidades de liderazgo, ya no era solo un extremo deslumbrante, sino que se había convertido en un delantero centro goleador, letal con ambas piernas y también de cabeza.

Luis Enrique también estaba entusiasmado con la gran compenetración del equipo. A principios de febrero, tras arrasar con nueve goles en los partidos de vuelta contra el Brest y el Mónaco (¡con cinco tantos de Ousmane!), el PSG había ampliado su ventaja hasta unos impresionantes 13 puntos.

Un cuarto título consecutivo de la Ligue 1 estaba ya al alcance de la mano, y una racha de 10 victorias seguidas en liga despejó cualquier duda.

Con seis jornadas aún por disputarse, el renovado PSG aseguró matemáticamente el campeonato tras vencer al Angers. Y, como si el destino lo hubiera querido así, Désiré, una de sus nuevas estrellas, marcó el único gol del partido con una volea espectacular al segundo palo.

Fue una temporada de dominio absoluto. El equipo anotó 92 goles en su camino hacia el título, que ganó con una ventaja de 19 puntos, y sufrió su primera derrota a finales de abril, cuando el campeonato ya estaba más que decidido.

Los 21 goles de Ousmane lo convirtieron en el máximo goleador de la Ligue 1, compartiendo el primer puesto. Al hablar con los periodistas, explicó que su éxito se debía al trabajo duro.

«Ahora, incluso en mis días libres, me gusta ir al centro de entrenamiento, recuperarme, trabajar con los fisioterapeutas. Antes, me iba a casa, jugaba al NBA 2K, veía un poco la tele...», se sinceró. .

El esfuerzo había dado sus frutos de forma espectacular. Al final de la temporada, Ousmane fue nombrado mejor jugador de la Ligue 1, siguiendo los pasos de su antiguo compañero. Sin duda, su actuación había hecho olvidar la ausencia de Kylian Mbappé.

CLASIFICACIÓN FINAL DE LA LIGUE 1 2024-25							
Posición	Equipo	PJ	PG	PE	PP	Diferencia de goles	Puntos
1	**PSG**	**34**	**26**	**6**	**2**	**57**	**84**
2	Olympique de Marsella	34	20	5	9	27	65
3	Mónaco	34	18	7	9	22	61
4	Niza	34	17	9	8	25	60
5	Lille	34	17	9	8	16	60
6	Olympique de Lyon	34	17	6	11	19	57
7	Estrasburgo	34	16	9	9	12	57
8	Lens	34	15	7	12	3	52
9	Stade Brestois	34	15	5	14	-7	50
10	Toulouse	34	11	9	14	1	42
11	Auxerre	34	11	9	14	-3	42
12	Stade Rennes	34	13	2	19	1	41
13	Nantes	34	8	12	14	-13	36
14	Angers	34	10	6	18	-21	36
15	Le Havre	34	10	4	20	-31	34
16	Stade Reims	34	8	9	17	-14	33
17	*St-Étienne*	*34*	*8*	*6*	*20*	*-38*	*30*
18	*Montpellier*	*34*	*4*	*4*	*26*	*-56*	*16*

MÁXIMOS GOLEADORES DE LA LIGUE 1 2024-25				
		Goles	Asistencias	Partidos
1	Ousmane Dembélé	21	8	29
1=	Mason Greenwood	21	6	34
3	Arnaud Kalimuendo	17	4	33
4	Jonathan David	16	5	32
5	Alexandre Lacazette	15	2	30
6	Bradley Barcola	14	11	34
6=	Emmanuel Emegha	14	3	27
8	Amine Gouiri	13	5	33
8=	Ludovic Ajorque	13	3	31
8=	Mika Biereth	13	2	16

LOS CINCO MOMENTOS MÁS LOCOS

¿No sería raro que el fútbol fuese... normal? Desde sucesos paranormales hasta opiniones de lo más curiosas, estos cinco momentos nos dejaron completamente desconcertados.

1 CHICOS, POR FAVOR, ¡DEJAD DE MARCAR GOLES!

La abultada victoria del Nottingham Forest por 7-0 sobre el Brighton puso a casi todos sus aficionados en el séptimo cielo. Sin embargo, para Beccy Webster, dueña del pub The Gedling Inn en Nottinghamshire, fue una tarde agridulce...

Para atraer clientes, había decidido ofrecer una pinta gratis por cada gol que marcara el Nottingham Forest aquel día. ¡Oh, oh!

«Cuando sonó el pitido final, solo pude decir "uf"», confesó Beccy después de repartir la última de las 300 cervezas gratuitas. ¡Un poco más y se arruina!

2 UNA BOFETADA DE HUMILDAD

«¿Queréis guerra? Pues la tendréis», anunció el entrenador del Manchester City, Pep Guardiola, tras el intenso encuentro de su equipo contra un Arsenal con diez jugadores en septiembre de 2024.

Su primer enfrentamiento había terminado en un empate bastante sucio. Aunque no hubo decapitaciones reales, más de uno perdió la cabeza.

Leandro Trossard fue expulsado en el tiempo de añadido de la primera parte, mientras Erling Haaland y Gabriel Magalhães se pasaron todo el partido a la greña. Cuando John Stones igualó el marcador en los últimos minutos, Haaland lo celebró cogiendo el balón del fondo de la portería y lanzándoselo a la cabeza a Gabriel.

Y ahí no quedó la cosa. Al sonar el pitido final, Haaland se acercó al entrenador del Arsenal, Mikel Arteta, y le dijo que debía «ser más humilde».

Esas palabras enfurecieron todavía más al Arsenal.

El Arsenal se tomó el partido de vuelta como una final. Tras adelantarse 1-0, Gabriel celebró el tanto en la cara de Haaland. Y, cuando Myles Lewis-Skelly marcó el gol que puso el marcador 3-1, se burló de Haaland imitando su famosa celebración de meditación de yoga.

Haaland recibió una lección de humildad mientras el Arsenal se imponía 5-1. Y aún hubo tiempo para un golpe final: al sonar el pitido final, el sistema de megafonía del estadio del Arsenal reprodujo la canción *Humble* (Humilde) de Kendrick Lamar.

3 ¿UN CAMPO ENCANTADO?

El Swindon Town, equipo de la League Two, nombró a Ian Holloway nuevo entrenador en octubre de 2024.

Lamentablemente, no tuvo el mejor comienzo. Su equipo encadenó cinco partidos sin ganar en la liga.

Sin embargo, mientras aficionados y periodistas cuestionaban sus tácticas, Holloway dio una explicación sencilla pero desconcertante para esa mala racha: el campo de entrenamiento estaba encantado.

«Hay un cementerio cerca de aquí. De verdad, no es broma. Están pasando cosas extrañas», declaró.

Holloway pidió ayuda a su esposa, quien intentó ahuyentar los espíritus del campo con un ritual a base de salvia.

Los fantasmas debieron tardar un poco en irse, ya que el Swindon Town perdió los tres partidos siguientes. Pero, de repente, su racha cambió por completo. En el plazo de un mes, vencieron al Fleetwood, al Wycombe, al Grimsby y al Colchester.

De ocupar el puesto 22, el equipo pasó a colocarse en una cómoda posición en la mitad de la tabla. Al final, terminaron la temporada en duodécima posición, a salvo del descenso… y de los espíritus.

4 LESIONES EXTRAÑAS

El defensa del Ipswich, Axel Tuanzebe, es un tanto peculiar. Sí, es futbolista de la Premier League, pero también ostenta un récord Guinness como campeón del juego infantil *Tragabolas*. Sin embargo, ambas «carreras» se vieron en riesgo tras sufrir una grave lesión en octubre de 2024.

Pero ¿qué le pasó exactamente? ¿Fue por una dura entrada en el entrenamiento? ¿Por un golpe en un partido? No. Le pasó fregando los platos.

Un vaso roto le cortó el pulgar tan profundamente que tuvo que ser operado.

«Doy gracias de seguir teniendo el pulgar intacto», dijo el lateral.

Y no fue la única lesión extraña de la temporada…

El exentrenador del West Ham, Julen Lopetegui, se lesionó el gemelo en septiembre… ¡por dar una patada de rabia al suelo! Cierto es que su equipo, los Hammers, perdían 5-1 ante el Liverpool. La lesión fue tan grave que Lopetegui tuvo que abandonar el estadio en muletas.

«No podré jugar el próximo partido», bromeó en la rueda de prensa posterior.

5 DESPEDIDO POR UN BIG MAC

Kristoffer Klaesson fue en su día un prometedor portero del Leeds United. Llegó a disputar tres partidos con el club de

Yorkshire e incluso logró mantener su portería a cero en un encuentro de la Premier League. Pero, como su carrera no terminaba de despegar, el Leeds aceptó una oferta de un equipo polaco, el Raków Częstochowa, por el guardameta noruego.

¿Un nuevo comienzo prometedor? Bueno, cuando Klaesson se incorporó a la pretemporada, surgió un problema: el club consideró que estaba fuera de forma y con sobrepeso.

Fue relegado al equipo reserva y se le ordenó perder ocho kilos. Sin embargo, él tenía otros planes... y, cuando unos aficionados lo vieron en un restaurante de comida rápida de McDonald's, sus nuevos jefes se enfadaron muchísimo.

Pocas semanas después, le rescindieron el contrato y tuvo que volver a hacer las maletas, esta vez rumbo a un club danés, el AGF Aarhus.

PREMIERSHIP ESCOCESA

LO MEJOR DE LA PREMIERSHIP ESCOCESA 2024-25

Era el primer día de la pretemporada y Brendan Rodgers, entrenador del Celtic, le estaba dando una pequeña lección de historia a sus jugadores. «55: ese es el número mágico, muchachos». El entrenador miró a su alrededor, observando las caras de asombro de sus pupilos.

«¿Alguien sabe a qué me refiero?», preguntó.

«Diría que a su edad, míster, pero sé que no puede tener más de cuarenta», bromeó el capitán, Callum McGregor.

Brendan, que había cumplido cincuenta el año anterior, soltó una risa antes de continuar: «Si ganamos el campeonato liguero, el club alcanzará la cifra de 55. Y eso significará que, por fin, igualaremos a los de enfrente, a los del otro lado de la ciudad».

Ahora, todos los jugadores sabían perfectamente a qué se refería. Separados por apenas siete kilómetros en la ciudad de Glasgow, Celtic y «esos de enfrente» (como Brendan se refería al equipo del Rangers) habían sido feroces rivales durante más de un siglo, disputándose regularmente el título de equipo más importante de Escocia. Y, aunque ambos habían tenido temporadas de dominio alternativas, el Rangers era el club que podía presumir de atesorar más títulos de liga, un récord que mantenían desde hacía casi un siglo. Sin embargo, tras proclamarse campeones 12 veces en las últimas 13 temporadas, el Celtic (con 54 títulos) había logrado atraparlo.

Kasper Schmeichel estaba disfrutando especialmente de la lección. El capitán de Dinamarca se había incorporado al Celtic ese mismo verano y quería aprender todo lo posible sobre su nuevo club.

A Brendan ya lo conocía perfectamente, pues había sido su entrenador en el Leicester City cuando ganaron la FA Cup.

«Estoy feliz de reencontrarnos, míster», comentó Kasper con una sonrisa tras firmar su nuevo contrato.

Kasper se había labrado una reputación como uno de los mejores porteros del mundo, defendiendo la portería de varios grandes clubes europeos y brillando con Dinamarca en la Copa Mundial y en la EURO. La hazaña más famosa de su carrera fue su destacado papel en el sorprendente título de la Premier League que logró el Leicester en 2016.

«Hay una cosa a la que tendrás que acostumbrarte aquí. Que el Leicester ganara la liga fue la sorpresa más increíble. En cambio, que la gane el Celtic es lo más normal del mundo», le explicó Brendan a su nuevo fichaje.

Kasper se mostró encantado. Estaba en el ocaso de su carrera y tenía hambre de más trofeos, como todo el mundo en el club pudo comprobar muy pronto.

En los primeros seis partidos de liga, el portero no encajó ni un solo gol. Además, el Celtic ganó todos esos encuentros. La racha incluyó un aplastante 3-0 ante los Rangers, con un remate certero de Daizen Maeda, seguido de un segundo gol justo antes del descanso de Kyōgo Furuhashi. Un espectacular disparo de Callum desde el borde del área sentenció el partido.

Tras mantener la portería imbatida durante 533 minutos, Kasper finalmente encajó su primer gol en liga contra el Ross County... y fue de penalti. El danés había detenido el primer lanzamiento, pero tuvo que repetirse porque el árbitro consideró que se había adelantado.

El Celtic acabó ganando el partido, pero Kasper no estaba nada contento. No le hacía ninguna gracia encajar goles.

«No te preocupes, colega. Descarga toda la frustración con un próximo gran partido. Ese sí que es importante», le dijo Callum.

El partido importante sería contra el Aberdeen. Al igual que el Celtic, los Dons habían ganado sus siete primeros encuentros de liga, así que ambos equipos llegaban al choque en Parkhead con un pleno de victorias.

Un octavo triunfo parecía garantizado para el Celtic cuando los goles de Reo Hatate y Kyōgo en la primera parte pusieron a los Bhoys por delante. Sin embargo, el Aberdeen reaccionó de forma espectacular, empatando con dos tantos seguidos, e incluso anotó un tercer tanto para llevarse la victoria; pero, al final, fue anulado por el VAR.

Esta vez, al acabar el encuentro, no solo Kasper estaba enfadado; lo estaba todo el equipo. Habían dejado escapar una ventaja de dos goles y, de paso, su récord inmaculado. Pero Brendan no iba a permitir que nadie se viniera abajo.

«Ánimo, chavales. Se nos ha escapado una racha ganadora, así que ahora toca salir ahí fuera y empezar otra».

La charla del míster surtió efecto. Con Kasper en plena forma bajo los palos, el Celtic ganó sus cinco siguientes partidos de liga, y encajó solo un gol, antes de viajar a Aberdeen en diciembre.

Lo que ya de por sí era un reto difícil se complicó aún más por el tiempo frío, lluvioso y ventoso del noreste de Escocia. Esas condiciones le hicieron la vida difícil a Kasper, que reaccionó con reflejos felinos para detener un disparo de Luis López.

«Buena parada, portero», le felicitó Callum.

«Ya sabes lo que me gusta dejar la portería a cero, capitán», respondió Kasper con una sonrisa.

El empate parecía inevitable hasta que un momento de magia de Greg Taylor dejó solo a Reo, que bajó el balón con el pecho y lo empalmó con la zurda al fondo de la red.

El pitido final desató la euforia entre los jugadores del Celtic... y no solo porque por fin podrían volver a ponerse a resguardo en el vestuario. El resultado les situaba siete puntos por delante del Aberdeen.

Gracias a su temporada mágica en Leicester, Kasper sabía bien lo que era ir en cabeza y quiso compartir unas palabras con sus compañeros.

«Ahora es cuando tenemos que sacar fuerzas de donde sea y llevar nuestro juego a otro nivel, chicos. Somos el equipo al que todos quieren ganar», les dijo Kasper a sus compañeros.

Por supuesto, ningún club deseaba derrotar al Celtic más que el Rangers, y ambos equipos se vieron las caras a finales de ese mes en la final de la Copa de la Liga escocesa. Fue un partido frenético, de ida y vuelta, en el que la ventaja cambió de manos varias veces hasta acabar 3-3.

Todo se decidiría en la tanda de penaltis. Y a Kasper le encantan los penaltis. Es la situación ideal para poder convertirse en héroe, y así fue: detuvo el lanzamiento de Ridvan Yilmaz, allanando el camino para que Daizen marcara el penalti de la victoria. Otro golpe a sus eternos rivales; otro trofeo más.

«Podría acostumbrarme a esto», dijo Kasper sonriendo a Daizen, mientras miraba la brillante medalla en su cuello.

Al comenzar el nuevo año, el Rangers se tomó la revancha, poniendo fin a la racha ganadora del Celtic en la liga. Pero los Bhoys demostraron una vez más su capacidad para levantarse: solo tres días después, una victoria ante el St Mirren amplió su ventaja a nada menos que 13 puntos.

A partir de ese momento, ya no hubo marcha atrás. Aunque aún quedaban varios meses de competición, el Celtic tenía demasiada experiencia y calidad como para dejar escapar su ventaja. Gracias a los 16 goles y 10 asistencias de Daizen en la liga, los líderes indiscutibles siguieron arrasando a sus rivales.

Una lesión en el hombro sufrida en marzo privó a Kasper de poder disputar el tramo final de la liga, incluido el partido que acabó 5-0 ante el Dundee United y que sirvió para que el Celtic asegurara matemáticamente el campeonato. Pero, como si el destino lo hubiera planeado, regresó justo a tiempo para poder jugar el último partido contra el St Mirren y participar en la celebración del título.

Sumaron 92 puntos, 112 goles, un cuarto título de liga consecutivo y el decimotercero en 14 temporadas. Era la primera vez en 95 años que el Celtic igualaba al Rangers en campeonatos.

Y, para Kasper, hubo una estadística personal que no ocupó tantos titulares, pero que tenía un gran valor: había mantenido la portería a cero en 19 partidos de liga. No es de extrañar que sonriera de oreja a oreja mientras alzaba el trofeo de la Premiership al cielo.

CLASIFICACIÓN FINAL DE LA PREMIERSHIP ESCOCESA 2024-25							
Posición	Equipo	PJ	PG	PE	PP	Diferencia de goles	Puntos
1	**Celtic**	**38**	**29**	**5**	**4**	**86**	**92**
2	Rangers	38	22	9	7	39	75
3	Hibernian	38	15	13	10	12	58
4	Dundee United	38	15	8	15	-9	53
5	Aberdeen	38	15	8	15	-13	53
6	St Mirren	38	14	8	16	-6	50
7	Hearts	38	15	7	16	5	52
8	Motherwell	38	14	7	17	-17	49
9	Kilmarnock	38	12	8	18	-19	44
10	Dundee	38	11	8	19	-20	41
11	Ross County	38	9	10	19	-28	37
12	*St Johnstone*	*38*	*9*	*5*	*24*	*-30*	*32*

MÁXIMOS GOLEADORES DE LA PREMIERSHIP ESCOCESA 2024-25				
		Goles	Asistencias	Partidos
1	Daizen Maeda	16	7	30
2	Simon Murray	15	3	33
3	Sam Dalby	14	2	30
4=	Cyriel Dessers	12	2	30
4=	Martin Boyle	11	5	31
6	Václav Černý	11	2	28
7=	Hamza Igamane	11	1	29
7=	Nicolas Kühn	10	8	28
9	Kyōgo Furuhashi	10	3	22
10=	Arne Engels	9	5	30

LOS CINCO MOMENTOS MÁS INCREÍBLES

El fútbol es un deporte totalmente imprevisible. Los aficionados contienen el aliento, los comentaristas gritan y los vídeos se hacen virales cuando los modestos derrotan a los gigantes, se baten récords y surgen nuevas estrellas. Si los guionistas de Hollywood hubieran escrito la serie de la temporada 2024-25, estos serían sus cinco mejores episodios…

1 ESPECTÁCULO EN GOODISON

Tras 133 años, el Everton disputó su última temporada en Goodison Park. Para celebrarlo, el equipo ofreció algunos encuentros memorables. Y dejaron la actuación más emocionante para el último derbi del Merseyside en la historia del Goodison.

Fue un partido de locos. El Everton se adelantó en el marcador, pero el Liverpool le dio la vuelta al encuentro con dos tantos.

Cuando se superó el minuto 90, todo apuntaba a que los aficionados del Everton se despedirían de Goodison Park con un sabor amargo.

Pero, entonces, el defensa James Tarkowski enganchó una volea en el minuto 98 y ¡se desató la locura en Goodison! Al final, el encuentro acabó con un empate a dos, pero ese desenlace tan épico se sintió como una victoria histórica, un homenaje perfecto a un estadio legendario.

2 ¿¡QUÉ HACE AHÍ ARRIBA!?

El defensa italiano de treinta y siete años Francesco Acerbi nunca había marcado un gol en una competición europea. Que siguiera siendo titular a esa edad ya era algo increíble; estuvo a punto de retirarse del fútbol a los veinte años y había superado un cáncer en dos ocasiones.

Ahora, luchaba por su Inter de Milán, que perdía 2-3 frente al Barcelona en la semifinal de la Champions League. Quedaban apenas unos minutos y la eliminación del equipo italiano parecía inevitable.

Así que Acerbi decidió lanzarse al ataque. A pesar de ser defensa, cuando el centro de Denzel Dumfries le cayó dentro del área, definió como un delantero.

¡Gol!

Acerbi lo había logrado: había conseguido igualar el encuentro en el tiempo de descuento y forzar la prórroga (¡que el Inter acabaría ganando!).

«Le agradezco que encontrara la fuerza suficiente para subir al área rival en ese momento», dijo su compañero Carlos Augusto, radiante de felicidad.

3 PALABRA DE ANGE

En agosto de 2024, el entrenador del Tottenham, Ange Postecoglou, anunció: «Normalmente, en mi segunda temporada, suelo ganar títulos».

Mmm… ¿No se habría fijado el australiano en el historial reciente de títulos de los Spurs? Desde la Copa de la Liga de 2008 no habían ganado ningún título… ¡y ese había sido su único trofeo del siglo XXI!

Durante ese periplo, habían pasado por el club jugadores de clase mundial como Luka Modrić y Harry Kane, pero no habían tenido éxito. También lo habían intentado sin éxito entrenadores acostumbrados al triunfo, como José Mourinho y Antonio Conte. Muchos creían que el club estaba maldito.

Pero, en septiembre, Ange se reafirmó: «Quiero matizar mis palabras. En mi segunda temporada, no suelo ganar títulos… ¡siempre gano títulos!».

Sus atrevidas declaraciones empezaban a parecer ridículas tras la temporada que llevaban los Spurs en la Premier League. En la FA Cup necesitaron de la prórroga para vencer al Tamworth, de la National League, antes de perder en la cuarta ronda contra el Aston Villa. En la Copa de la Liga, derrotaron al Liverpool 1-0 en la ida de semifinales, pero en la vuelta cayeron con estrépito por 4-0.

Por lo tanto, la Europa League era su última esperanza. Aunque el rendimiento del equipo de Ange había sido desastroso en la Premier League (¡perdieron 22 partidos!), se habían mostrado muy sólidos en la Europa League. Tras imponerse en la semifinal, se enfrentaron al Manchester United en la final… ¡y ganaron!

Ange estaba en lo cierto. ¡Había ganado un título en su segunda temporada!

Mientras sus jugadores lo celebraban en el terreno de juego, James Maddison y Sergio Reguilón desplegaron una bandera. Era un meme de Ange con gafas de sol, con las icónicas palabras: «SIEMPRE gano títulos en mi segunda temporada».

4 LOS BLACK CATS HAN VUELTO

Ni siquiera los guionistas de Hollywood podrían haber ideado esta historia. Desde su descenso de la Premier League en 2017, los aficionados del Sunderland habían vivido muchos más momentos amargos que dulces, incluyendo el descenso a la League One.

Muchos de esos malos momentos quedaron plasmados en el documental *Sunderland 'Til I Die*, que se emitió durante tres temporadas en Netflix. Pero, cuando las cámaras dejaron de grabar y los guionistas se marcharon de Sunderland, ocurrió algo extraño...

¡Los Black Cats empezaron a mejorar!

De hecho, mejoraron tanto que lograron meterse en las eliminatorias para ascender a la Premier League. No podían sospechar que lo mejor estaba por llegar.

A pesar de acabar cuartos, el Sunderland había perdido sus cinco últimos partidos de liga.

Sin embargo, en las eliminatorias por el ascenso, revertieron la dinámica negativa por completo.

En la vuelta de la semifinal, un cabezazo de Dan Ballard en el último minuto de la prórroga les dio la victoria por 3-2 en el global frente al Coventry City.

Y, en la final, repitieron la hazaña: Tommy Watson marcó un golazo desde fuera del área en el minuto 95 para darle la vuelta al marcador y ganar 2-1 al Sheffield United, tras ir 0-1 abajo. ¡El Sunderland regresaba a la Premier League de la manera más espectacular posible!

5 EL AÑO DEL TAPADO

El fútbol es un deporte que despierta pasiones porque, en un partido puntual, el equipo más modesto puede sorprender al más poderoso. Esos momentos mágicos, normalmente acontecen en las competiciones de Copa.

Este año fuimos testigos de un sinfín de sorpresas…

En la FA Cup, el Plymouth venció al Liverpool; el Tamworth, de quinta categoría, llevó al Tottenham Hotspur a la prórroga; el Harborough, un equipo semiprofesional, forzó la prórroga frente al Reading; el Kettering Town, de séptima categoría, derrotó a sus vecinos del Northampton; y, por supuesto, el Crystal Palace se impuso al Manchester City en la final.

En la final femenina de la Champions League, el Arsenal venció al Barcelona.

Por su parte, el Aberdeen derrotó al Celtic en la final de la Scottish Cup.

Y, para rematar, el Peterborough United sorprendió al Birmingham en la final del EFL Trophy.

CHAMPIONS LEAGUE

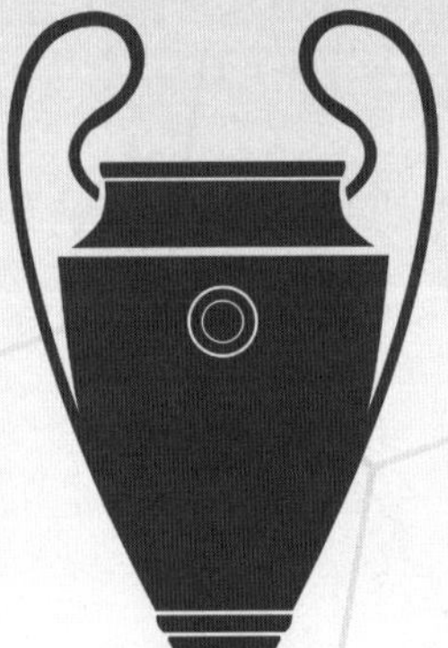

LO MEJOR DE LA UEFA CHAMPIONS LEAGUE 2024-25

Désiré Doué miró hacia las gradas repletas del Allianz Arena y trató de no dejarse impresionar por la magnitud del momento.

Estaba a punto de jugar un encuentro ante 64.000 espectadores que abarrotaban el estadio de Múnich (a lo que cabía sumar los cientos de millones de espectadores que verían el partido en todo el mundo). Y no era un enfrentamiento cualquiera, era el partido más importante que podía jugar un club.

La final de la Champions League.

Ante semejante reto, incluso los jugadores más experimentados son presa de los nervios, sobre todo un chico de diecinueve años que nunca había disputado la Champions y que había marcado su primer gol con el Paris Saint-Germain hacía escasos meses.

Désiré respiró hondo. Había llegado el momento de demostrarle al mundo de lo que era capaz. Seis meses antes, las posibilidades de que el PSG alcanzase la final de Múnich parecían tan remotas como que la selección inglesa de críquet alcanzara la final del Mundial de Rugby. Tras algunas actuaciones decepcionantes en la fase de grupos, cabía la posibilidad real de que los actuales campeones de la Ligue 1 sufrieran la humillación de quedarse fuera de las rondas eliminatorias.

El PSG recuperó su mejor versión en un duelo crucial contra el Manchester City, en el que demostró un enorme espíritu de lucha al remontar una desventaja de dos goles y lograr una victoria vital. A partir de ahí, tras haber eliminado ya a un equipo inglés, se encargaron de destrozar, uno por uno, los sueños de los grandes clubes de la Premier League en la Champions.

El Liverpool en octavos. Una eliminatoria de infarto que se decidió en la tanda de penaltis, donde dos paradas de Gianluigi Donnarumma allanaron el camino para que Désiré transformara el lanzamiento definitivo.

El Aston Villa en cuartos. Otro enfrentamiento ajustado, aunque los franceses lograron la clasificación por un global de 5-4.

El Arsenal en semifinales. Más de lo mismo, aunque esta vez con un margen de victoria más cómodo.

«Es una pena que no queden equipos ingleses para la final», bromeó Désiré con Ousmane Dembélé mientras celebraban su clasificación para la final.

Ousmane se había convertido en la gran figura del torneo tras la marcha de la superestrella Kylian Mbappé al Real Madrid, con ocho goles que llevaron en volandas al equipo hasta la final.

Por supuesto, los jugadores del PSG sabían que, se enfrentaran a quien se enfrentaran, tendrían delante a un rival de calidad (fuera inglés o no), y pocos equipos imponían tanto respeto como el Inter de Milán. Finalistas en 2023, el conjunto italiano ya había eliminado al Bayern Múnich y al Barcelona. Ahora, soñaban con poder sumar a su lista de víctimas al campeón francés.

Mientras el PSG perseguía su primer trofeo de la Champions League, el Inter ya contaba con tres títulos en sus vitrinas. Además, tenían la ventaja de disponer de jugadores más experimentados, como Francesco Acerbi, Henrikh Mkhitaryan y el guardameta Yann Sommer, todos ellos veteranos curtidos en competiciones europeas.

El equipo del PSG, en cambio, tenía una media de edad cinco años más joven.

«Jugar con vosotros me hace sentir viejo», solía bromear Ousmane con Désiré y sus jóvenes compañeros Bradley Barcola y Senny Mayulu durante los entrenamientos, a pesar de sus veintiocho años.

Sin embargo, la falta de experiencia quedaba compensada con creces gracias a la energía y al entusiasmo.

Desde el primer minuto, el conjunto francés se lanzó con todo contra su rival. Encadenando pases precisos y toques de gran calidad, empezaron a crear peligro desde el inicio del partido. Y, cuando no tenían el balón, hacían todo lo posible por recuperarlo, sin dejar que el Inter disfrutara de la posesión ni un segundo.

El gol parecía cuestión de tiempo y, a los 12 minutos, el PSG asestó el primer golpe. Desmarcándose con inteligencia dentro del área, Désiré controló un pase con la zurda, giró sobre su derecha y centró para que Achraf Hakimi rematara a placer.

Era evidente que Désiré había logrado domar los nervios. Acababa de convertirse en el jugador más joven de la historia en dar una asistencia en una final de la Champions League, y se le veía disfrutar en el terreno de juego.

Repleto de confianza, el PSG siguió atacando una y otra vez. Tan solo habían pasado 20 minutos de partido cuando volvieron a golpear tras mover el balón de un extremo al otro del campo.

Después de recuperar el balón tras un córner del Inter y sin miedo a perder la posesión, Khvicha Kvaratskhelia avanzó con decisión. Combinó con Ousmane, que subió la banda izquierda a toda velocidad.

«¡Aquí, Ousmane! ¡Estoy solo!», gritó Désiré, intentando hacerse oír por encima del rugido ensordecedor de los aficionados.

Tras controlar el pase con el pecho, Désiré armó un disparo que tocó en un defensa y sorprendió a Sommer.

¡2-0!

Désiré se dio la vuelta para celebrarlo frente a la grada, ejecutando un deslizamiento de rodillas perfecto.

«¡Nueve sobre diez por el gol... diez sobre diez por el deslizamiento!», bromeó Ousmane entre risas.

El Inter parecía aturdido, con su plan de partido hecho añicos. Con 13 disparos del PSG en la primera parte, el mérito del conjunto italiano era haber logrado mantener el marcador 2-0.

Aun así, el entrenador del PSG, Luis Enrique, no estaba dispuesto a que sus jugadores dieran la final por ganada.

«Algunos de vosotros estabais en el equipo que perdió en semifinales el año pasado. No quiero que ninguno vuelva a sentir esa frustración. Salid ahí fuera y rematad el trabajo», les dijo a sus jugadores en el descanso.

Alertados por las palabras de su entrenador, los jugadores retomaron la segunda parte tal y como habían acabado la primera. A los 39 segundos, Khvicha estrelló un disparo en el poste.

«Seguid presionando, chicos», animaba Luis Enrique desde la banda.

Désiré estaba desplegando todo su repertorio de regates: un toque sutil por aquí, un amago por allá.

En el minuto 63, Ousmane siguió el ejemplo de su compañero: con un ingenioso taconazo, dejó a Vitinha en franca ventaja para internarse en el campo del Inter. Mientras Vitinha aceleraba hacia el área rival, Désiré se desmarcó hacia la derecha.

«¡Pásala!», gritó.

En el momento justo, Vitinha le puso el balón, y Désiré conectó un remate certero con la derecha que batió a Sommer.

Désiré acababa de marcar dos goles en una final de la Champions League. Era el jugador más joven de la historia en conseguirlo.

Esta vez no hubo deslizamiento de rodillas para celebrarlo; en su lugar, se quitó la camiseta y la lanzó al aire.

Con 3-0 en el marcador, el PSG se había adueñado del control absoluto del partido, pero aún no había rematado su obra maestra. El imparable Khvicha se escapó para anotar un merecido cuarto gol, antes de que Senny, que solo llevaba unos minutos en el terreno de juego, rematara otra jugada preciosa.

La primera victoria del PSG en la Champions League acabó con la mayor diferencia de goles en una final.

Para el Inter, fue un final cruel tras una campaña brillante, pero no había duda de que el mejor equipo había salido victorioso.

Y tampoco había duda sobre quién había sido el mejor jugador del partido. Con dos goles, una asistencia y 41 toques magistrales, Désiré recibió el reconocimiento por unanimidad. Nadie debería sorprenderse; al fin y al cabo, su nombre significa 'deseo concedido'.

Club Brujas	1
Aston Villa	6

Paris Saint-Germain	1 (4)
Liverpool	1 (1)

Real Madrid	2 (4)
Atlético de Madrid	2 (2)

PSV Eindhoven	3
Arsenal	9

Aston Villa	4
Paris Saint-Germain	5

Arsenal	5
Real Madrid	1

Paris Saint-Germain	3
Arsenal	1

Paris Saint-Germain	5
Inter de Milán	0

Barcelona	6
Inter de Milán	7

Borussia Dortmund	3
Barcelona	5

Bayern Múnich	3
Inter de Milán	4

Benfica	1
Barcelona	4

Borussia Dortmund	3
Lille	2

Bayern de Múnich	5
Bayer Leverkusen	0

Feyenoord	1
Inter de Milán	4

MÁXIMOS GOLEADORES DE LA UEFA CHAMPIONS LEAGUE 2024-25				
		Goles	Asistencias	Partidos
1=	Raphinha	13	9	14
1=	Serhou Guirassy	13	5	14
3=	Harry Kane	11	2	13
3=	Robert Lewandowski	11	0	13
5	Lautaro Martínez	9	2	14
6=	Ousmane Dembélé	8	6	15
6=	Vinicius Jr.	8	3	12
6=	Erling Haaland	8	0	9
9=	Vangelis Pavlidis	7	3	12
9=	Jonathan David	7	2	10
9=	Kylian Mbappé	7	1	14
9=	Julián Alvarez	7	1	10

LOS CINCO MEJORES JUGADORES

Sin duda, el fútbol es un juego de equipo, pero estos jugadores mostraron un rendimiento individual increíble durante la temporada 2024-25, haciendo que sus equipos fueran mucho mejores. ¿Es hora de un nuevo heredero del Balón de Oro? Por supuesto, estos jugadores creen que sí...

1 ALESSIA RUSSO

El Arsenal ya había intentado ficharla por una cifra récord en enero de 2023. Sin embargo, tuvieron que esperar hasta el verano para hacerse con sus servicios.

Y la espera mereció la pena.

En su temporada de debut, marcó 16 goles en 31 partidos. Y, en su segunda temporada, su rendimiento todavía fue más espectacular.

Russo se hizo con el premio a la Jugadora de la Temporada de la FWA y terminó como máxima goleadora de la WSL, mientras que sus siete goles en la Champions League la situaron en el segundo puesto de la clasificación general, empatada con su compañera Mariona Caldentey. Ninguna jugadora inglesa había marcado más goles en una sola temporada en la Champions League femenina.

Y sus goles, además, fueron trascendentales. Logró dos tantos que impulsaron la increíble remontada del Arsenal frente al Real Madrid en cuartos de final, seguidos de un gol y una asistencia en la victoria de su equipo por 4-1 ante el Lyon en semifinales.

«Bajo la dirección de Slegers, su juego ha dado un salto de calidad. El trabajo de Alessia es fenomenal. ¡Al igual que sus movimientos, su capacidad para retener la pelota y su presión sobre el rival!», comentó la exdelantera inglesa Ellen White.

2 RAPHINHA

Raphinha ya había mostrado su calidad en el Leeds United, pero nadie esperaba que alcanzara semejante nivel.

Con 34 goles y 25 asistencias en 57 partidos, firmó una gran temporada que ayudó a que el Barcelona conquistara el triplete doméstico. Con su letal zurda, intervino en 21 goles en la Champions League, con lo que igualó el récord de Cristiano de la temporada 2013-14; y anotó goles decisivos contra el Benfica, el Inter de Milán y el Real Madrid.

Y, sin embargo, la maravillosa temporada de Raphinha estuvo a punto de no consumarse. El motivo fue que el Barcelona trató de fichar a Nico Williams, por lo que el nuevo entrenador, Hansi Flick, tuvo que convencer a Raphinha para que no se fuera.

La operación de Williams no se concretó, Raphinha se quedó en el club, y Flick vio como su apuesta daba un enorme rédito. «Nunca he tenido un jugador como él», reconoció Flick, quien le entregó el brazalete de capitán en 19 ocasiones.

«Yo le daría el Balón de Oro a Raphinha… ¡Y Lamine Yamal también se lo daría!», aseguró su compañero Pau Cubarsí.

3 LAMINE YAMAL

Sin duda, es el mejor jugador joven. Pero ¿es también el mejor jugador del mundo? Pau Cubarsí se decanta por Raphinha, pero muchos creen que Yamal ya es el mejor del planeta.

La joven estrella blaugrana ya ha ganado todos los trofeos nacionales en España. Además, es campeón de Europa con la selección española. Si lograra ganar una Copa Mundial y una Champions League (logros que parecen muy posibles), habría conseguido todo a lo que un futbolista puede aspirar.

Ya hemos repasado sus actuaciones más destacadas en la Champions League, pero Yamal también estableció la diferencia en las cuatro victorias de su equipo sobre el Real Madrid. Marcó 17 goles y dio 20 asistencias en 52 partidos, completando muchos más regates que cualquier otro jugador de LaLiga (145) y generando 64 ocasiones de gol para sus compañeros.

El Observatorio de Fútbol CIES calculó el valor de Yamal en 387 millones de euros, ¡casi el doble que el segundo clasificado, Erling Haaland (227 millones)!

4 MOHAMMED SALAH

Con treinta y dos años de edad, cabía pensar que la leyenda del Liverpool empezaría su declive futbolístico. Sin embargo, el mago de la banda protagonizó una temporada vertiginosa, repleta de goles, asistencias y victorias, consolidándose como uno de los mejores jugadores del mundo.

Gracias a sus 29 goles en la Premier League, Salah logró su cuarta Bota de Oro, igualando el récord del legendario Thierry Henry. Pero su enorme temporada no se limitó solo a sus goles; su contribución global alcanzó nuevas cotas.

Sus 18 asistencias le valieron para conseguir por primera vez el premio al Mejor Creador de Juego de la Premier League, mientras que las 29 ocasiones de gol que generó para sus compañeros también lo convirtieron en uno de los líderes de la competición.

En total, las 47 intervenciones directas en goles de Salah son la cifra más alta registrada en una sola temporada de la Premier League, y la mayor jamás conseguida en una temporada de 38 partidos.

«Esta ha sido mi mejor temporada porque he hecho mejores a los jugadores que me rodean», afirmó.

Los responsables de la Premier League y de la FWA estuvieron de acuerdo, por lo que lo eligieron como el Mejor Jugador de la temporada. Pero lo más importante es que sus actuaciones llevaron al Liverpool a conquistar su primer título de la Premier League desde 2019.

5 OUSMANE DEMBÉLÉ

Nunca se había dudado del talento extraordinario de Dembélé. No en vano, el Barcelona pagó 148 millones de euros por él en 2017, convirtiéndolo en aquel momento en el segundo futbolista más caro de la historia.

Sin embargo, no fue hasta 2025 que Dembélé estuvo a la altura de las expectativas.

¿Y cuál fue la principal razón? Que el entrenador Luis Enrique lo desplazara de su posición habitual en la banda a una posición más centrada en la punta de ataque.

¡Bingo! Dembélé alcanzó otra dimensión. De pronto, jugaba con total libertad mientras los ataques se organizaban a su alrededor.

Fue clave en las victorias en la Champions League frente al Liverpool y Arsenal, gracias a su instinto letal de cara a puerta. Marcó 18 goles en tan solo 11 partidos y terminó la temporada con ocho goles y seis asistencias en la Champions, además de lograr 21 goles y seis asistencias en la Ligue 1.

En el Barcelona, valoraron su fichaje como un «derroche de dinero» tras ser vendido al PSG por apenas 50 millones de euros. Pero, en solo dos temporadas en Francia, el habilidoso regateador se convirtió en un firme candidato al Balón de Oro, ganando además el premio al Mejor Jugador de la Temporada de la Champions League y de la Ligue 1.

«Le daría el Balón de Oro al señor Ousmane Dembélé. Solo por cómo ha defendido esta noche, ya se lo merece», afirmó Luis Enrique tras imponerse en la final de la Champions League.

ACTIVIDADES

CUESTIONARIO

Responde las siguientes preguntas y descubre si eres un auténtico maestro del fútbol.

1 ¿Qué icónico jugador tuvo en brazos a Lamine Yamal cuando era un bebé?

A) Cristiano Ronaldo

B) Luka Modrić

C) Lionel Messi

D) David Beckham

2 ¿Cuál fue el resultado de la final de la FA Cup 2024-25?

A) 3-2, victoria del Crystal Palace

B) 1-2, victoria del Manchester City

C) 2-1, victoria del Crystal Palace

D) 1-0, victoria del Crystal Palace

3 ¿Cuántas victorias logró el Bayern Múnich en la temporada 2024-25 de la Bundesliga?

A) 20

C) 25

B) 30

D) 15

4 ¿Cuántos espectadores caben aproximadamente en el estadio Allianz Arena de Múnich?

A) 16.000

B) 128.000

C) 32.000

D) 64.000

5 En el partido de la Premier League 2024-25 contra el Fulham, ¿a quién sustituyó Bukayo Saka?

A) A Mikel Merino

B) A Declan Rice

C) A Ethan Nwaneri

D) A Martin Ødegaard

6 Antes de la temporada 2024-25, ¿cuándo fue la última vez que el Arsenal superó la fase de cuartos de final de la Champions League?

A) En la temporada 2008-09

B) En la temporada 2003-04

C) En la temporada 2011-12

D) En la temporada 2000-01

7 ¿Quién fue el portero del Real Madrid durante la temporada 2024-25?

A) Thibaut Courtois

B) Jan Oblak

C) Ederson

D) Emiliano Martínez

8 ¿Quién fue el capitán del Newcastle United FC durante la temporada 2024-25?

A) Alexander Isak

B) William Osula

C) Kieran Trippier

D) Bruno Guimarães

9 ¿Qué equipo ganó la final de la Women's Champions League 2024-25?

A) El Barcelona

B) El Real Madrid

C) El Arsenal

D) El Lyon

10 ¿Qué defensa del Tottenham metió un gol en propia puerta contra el Liverpool en la Premier League 2024-25?

A) Cristian Romero

B) Kevin Danso

C) Destiny Udogie

D) Pedro Porro

11 En la final de la Women's Champions League 2024-25 entre el Arsenal y el Barcelona, ¿cuántas acciones defensivas realizó Leah Williamson?

A) 15

B) 24

C) 21

D) 19

12 ¿Cuántos años estuvo Emma Hayes a cargo del Chelsea?

A) 15

B) 8

C) 12

D) 2

13 ¿Quién fue el capitán del Arsenal durante la temporada 2024-25?

A) Martin Ødegaard

B) Bukayo Saka

C) Declan Rice

D) Gabriel Martinelli

14 ¿Cuál de los siguientes jugadores fichó por el Liverpool en la temporada 2024-25?

A) Mikel Merino

B) Riccardo Calafiori

C) Federico Chiesa

D) Kepa Arrizabalaga

15 ¿Quién fue el MVP de la Ligue 1 en la temporada 2024-25?

A) Kylian Mbappé

B) Ousmane Dembélé

C) Mason Greenwood

D) Désiré Doué

16 ¿En qué equipo jugó el centrocampista Sandro Tonali en la temporada 2024-25?

A) En el Manchester United

B) En el AC Milan

C) En el Chelsea

D) En el Newcastle

17 ¿Quién era la capitana del Arsenal en la WSL durante la temporada 2024-25?

A) Chloe Kelly

B) Kim Little

C) Alessia Russo

D) Leah Williamson

18 En su temporada de debut en el Chelsea, ¿quién marcó cuatro goles en un solo partido contra el Everton y contribuyó a la victoria final por 6-0?

A) Tino Anjorin

B) Cole Palmer

C) Marc Guiu

D) Christopher Nkunku

19 ¿Cuál fue el resultado final del emocionante partido de cuartos de final de la Europa League 2024-25 entre el Manchester United y el Lyon?

A) 2-1

B) 1-0

C) 4-3

D) 5-4

20 ¿Quién marcó el último gol de cabeza en ese partido?

A) Amad Diallo

B) Bruno Fernandes

C) Harry Maguire

D) Rasmus Højlund

21 ¿Cuál fue el resultado de la final de la Champions League 2024-25?

A) 5-0

B) 3-1

C) 2-0

D) 4-3

22 ¿Qué equipo quedó tercero en la temporada 2024-25 de la Premier League inglesa?

A) El Aston Villa

B) El Chelsea

C) El Newcastle

D) El Manchester City

23 En su partido culminante de 2024 contra el West Ham, ¿cuántos goles marcó el Liverpool?

A) Cinco

B) Tres

C) Siete

D) Cuatro

24 Antes de la temporada 2024-25, ¿cuál fue la última temporada en la que el Liverpool se proclamó vencedor de la Premier League inglesa?

A) La temporada 2011-12

B) La temporada 2022-23

C) La temporada 2016-17

D) La temporada 2019-20

25 ¿Cuál era el número de la camiseta de Alexander Isak en el Newcastle?

A) El 14

B) El 21

C) El 7

D) El 28

26 ¿Qué entrenadora del Chelsea se despidió de su equipo al final de la temporada 2023-24?

A) Natalia Arroyo

B) Emma Hayes

C) Sonia Bompastor

D) Marc Skinner

27 ¿Y quién la sustituyó?

A) Matt Beard

B) Rehanne Skinner

C) Sonia Bompastor

D) Amandine Miquel

28 ¿Cuántos goles marcó el Barcelona en todas las competiciones durante la temporada 2024-25?

A) 152

B) 174

C) 180

D) 124

29 En la temporada 2024-25, ¿quién se convirtió en el jugador más joven en marcar 50 goles en la Premier League inglesa?

A) Jude Bellingham

B) Lamine Yamal

C) Kylian Mbappé

D) Bukayo Saka

30 ¿Cuál de las siguientes jugadoras de la WSL fichó como portera del Aston Villa en 2024?

A) Janine Leitzig

B) Sabrina D'Angelo

C) Emma Byrne

D) Lize Kop

31 En la temporada 2023-24, ¿cuantos goles marcó Alexander Isak en la Premier League inglesa?

A) 10

B) 19

C) 25

D) 21

32 ¿Con qué equipo jugo Myles Lewis-Skelly durante la temporada 2024-25?

A) Con el Arsenal

B) Con el AC Milan

C) Con el Barcelona

D) Con el Real Madrid

33 ¿Cuál es el apodo del Newcastle?

A) Las Urracas

B) Los Cuervos

C) Las Águilas

D) Las Gaviotas

34 ¿Quién fue la guardameta del Barcelona durante la temporada 2024-25?

A) Ann-Katrin Berger

B) Lydia Williams

C) Cata Coll

D) Hannah Hampton

35 ¿Quién alcanzó la impresionante cifra de 34 goles y 25 asistencias a lo largo de 57 partidos con el Barcelona?

A) Harry Kane

B) Lamine Yamal

C) Raphinha

D) Alexander Isak

36 ¿Quién era el entrenador del Arsenal durante la temporada 2024-25?

A) David Moyes

B) Unai Emery

C) Neil Adams

D) Mikel Arteta

37 ¿Qué equipo fichó a Lucy Bronze en julio de 2024?

A) El Manchester City

B) El Chelsea

C) El Lyon

D) El Barcelona

38 ¿Cuál es el apodo del Arsenal?

A) Los Gunners

B) Los Reds

C) Los Hammers

D) Los Toffees

39 ¿Qué jugadora de la WSL ganó 25 trofeos en diez años con el Barcelona antes de fichar por el Arsenal?

A) Aitana Bonmati

B) Mariona Caldentey

C) Ona Batlle

D) Patri Guijarro

40 ¿Cuál de las siguientes jugadoras era la portera del Manchester City en la WSL 2024-25?

A) Hannah Hampton

B) Phallon Tullis-Joyce

C) Ayaka Yamashita

D) Rachael Laws

41 ¿Qué equipo fichó a Matz Sels para la temporada 2024-25?

A) El AC Milan

B) El Liverpool

C) El Manchester City

D) El Nottingham Forest

42 ¿Con qué equipo jugaron Eberechi Eze y Jean-Philippe Mateta en la temporada 2024-25?

A) Con el Tottenham Hotspur

B) Con el Chelsea

C) Con el AFC Wimbledon

D) Con el Crystal Palace

43 ¿De qué equipo es entrenador Eddie Howe?

A) Del Manchester United

B) Del Arsenal

C) Del Bournemouth

D) Del Newcastle

44 ¿Quién reemplazó a Jürgen Klopp como entrenador del Liverpool?

A) Eddie Howe

B) Thomas Frank

C) Marco Silva

D) Arne Slot

45 ¿Cuántos puntos logró el Celtic para proclamarse campeón de la Premiership escocesa?

A) 92

B) 89

C) 70

D) 100

46 ¿Quién fue el capitán del Liverpool durante la temporada 2024-25?

A) Wataru Endo

B) Mohamed Salah

C) Virgil van Dijk

D) Milos Kerkez

47 En el partido conocido como «el clásico», ¿qué dos equipos se enfrentan?

A) El Manchester City y el Manchester United

B) El Real Madrid y el Barcelona

C) El Bayern Múnich y el AC Milan

D) El Arsenal y el Chelsea

48 Antes de la temporada 2024-25, ¿en qué año fue la última vez que el Newcastle ganó un título nacional?

A) En 1951

B) En 1970

C) En 1966

D) En 1955

49 ¿Cuántos goles marcó Cole Palmer en la primera parte del partido entre el Chelsea y el Brighton?

A) Dos

B) Cuatro

C) Uno

D) Tres

50 ¿Con qué apodo se conoce al Liverpool?

A) Los Reds

B) Pool Sharks

C) Los Walkers

D) Los Bees

SOPA DE LETRAS

Encuentra todas estas palabras en la siguiente sopa de letras.

Pueden aparecer en horizontal, en vertical, en diagonal y al revés.

G	K	B	O	N	M	A	T	I	V	U	T	E
C	E	A	N	E	W	C	A	S	T	L	E	A
H	K	X	S	O	J	A	J	F	L	I	D	L
E	H	J	B	I	G	O	L	Ñ	W	V	S	L
L	Ñ	C	R	U	W	R	W	C	B	E	V	I
S	R	D	O	H	Q	Y	S	A	E	R	Y	V
E	L	A	N	E	S	R	A	L	F	P	E	N
A	R	F	Z	U	E	J	K	M	U	O	U	O
M	L	P	E	E	G	A	A	Y	A	O	A	T
H	K	A	N	E	V	T	W	E	F	L	G	S
T	R	C	A	M	P	E	O	N	E	S	I	A
S	U	I	G	R	E	M	L	A	P	E	L	Q

LIVERPOOL
ARSENAL
CHELSEA
NEWCASTLE
ASTON VILLA

SAKA
KANE
BRONZE
YAMAL
PALMER

ISAK
BONMATI
LIGA
CAMPEONES
GOL

DISEÑA TU EQUIPACIÓN

¿Cuál es tu camiseta favorita? Quizá sea la de tu equipo. Quizá siempre hayas admirado en secreto alguna de tus rivales. O quizá sea una combinación que nadie ha visto nunca... Ahora puedes diseñar tu camiseta ideal. ¿Lisa? ¿A rayas? ¿Con un estampado? ¿De lunares? Tú decides. Incluso puedes dibujar una segunda equipación en una de las camisetas.

EL BINGO DEL FÚTBOL

AL FONDO DE LA RED	ENTRAMOS EN EL TIEMPO AÑADIDO.	LA GUINDA EN EL MARCADOR	PIDEN EL VAR.
A LAS NUBES	ENTRE LOS TRES PALOS	CON EL REGLAMENTO EN LA MANO	EN LOS PRIMEROS MINUTOS
FALTA PELIGROSA	UN CENTRO MEDIDO	EL COLEGIADO	RUEDA LA PELOTA.
NO SE MUEVE EL MARCADOR.	COGIÓ A LA DEFENSA DESPREVENIDA.	¡UN MANO A MANO!	EL FÚTBOL ES ASÍ.

La próxima vez que vayas a ver un partido, invita a un amigo y jugad uno contra otro al bingo con las siguientes tarjetas. Tachad la frase relacionada con el fútbol cuando la diga alguno de los comentaristas. El primero que consiga cuatro en línea ¡gana!

EMPATE SIN GOLES	¡SAQUE DE ESQUINA!	ABRIÓ EL MARCADOR.	SE CIERRAN ATRÁS.
CENTROS AL ÁREA	PROMETE MUCHO.	ATAJA EL PORTERO.	VAMOS A VER LA REPETICIÓN.
¡AL TRAVESAÑO!	HAN PERDIDO LA POSESIÓN.	UN PASE DE LIBRO	SE QUEDAN CON DIEZ.
UN POTENTE DISPARO	YA TIENE UNA AMARILLA.	EL ÁRBITRO VA A REVISAR LA JUGADA.	SE DEJA CAER.

ANAGRAMAS

Descifra los nombres de algunas
de las mejores futbolistas de la WSL.

C L Boy run ez	____________
I W Real Kash	____________
Nue Lame Jars	____________
See Ergel Ren	____________
Marem I Rez Ray	____________
More Salt Bin Day	____________
If A Man A Druma	____________
A Sassio Rules	____________
Leechy Lock	____________
Melodic Human Rye	____________
Italy Romance Dane	____________
Bad Theme	____________

SOLUCIONES

CUESTIONARIO

1: C; 2: D; 3: C; 4: D; 5: C; 6: A; 7: A; 8: D; 9: C; 10: C;
11: D; 12: C; 13: A; 14: C; 15: B; 16: D; 17: B; 18: B; 19: D;
20: C; 21: A; 22: D; 23: A; 24: D; 25: A; 26: B; 27: C; 28: B;
29: D; 30: B; 31: D; 32: A; 33: A; 34: C; 35: C; 36: D;
37: B; 38: A; 39: B; 40: C; 41: D; 42: D; 43: D;
44: D, 45: A; 46: C; 47: B; 48: D; 49: B; 50: A

¿CUÁNTAS PREGUNTAS DEL CUESTIONARIO HAS ACERTADO?

1-10	Jugador novato
11-20	Jugador con potencial
21-30	Jugador del partido
31-40	*Crack* del fútbol
41-50	*Supercrack* del fútbol

SOPA DE LETRAS

G	K	B	O	N	M	A	T	I	V	U	T	E
C	E	A	N	E	W	C	A	S	T	L	E	A
H	K	X	S	O	J	A	J	F	L	I	D	L
E	H	J	B	I	G	O	L	Ñ	W	V	S	L
L	Ñ	C	R	U	W	R	W	C	B	E	V	I
S	R	D	O	H	Q	Y	S	A	E	R	Y	V
E	L	A	N	E	S	R	A	L	F	P	E	N
A	R	F	Z	U	E	J	K	M	U	O	U	O
M	L	P	E	E	G	A	A	Y	A	O	A	T
H	K	A	N	E	V	T	W	E	F	L	G	S
T	R	C	A	M	P	E	O	N	E	S	I	A
S	U	I	G	R	E	M	L	A	P	E	L	Q

ANAGRAMAS

Lucy Bronze	C L Boy run ez
Keira Walsh	I W Real Kash
Lauren James	Nue Lame Jars
Renee Sleger	See Ergel Ren
Mayre Ramirez	Marem I Rez Ray
Sandy Baltimore	More Salt Bin Day
Frida Maanum	If A Man A Druma
Alessia Russo	A Sassio Rules
Chloe Kelly	Leechy Lock
Melchie Dumornay	Melodic Human Rye
Mariona Caldentey	Italy Romance Dane
Beth Mead	Bad Theme

OTROS TÍTULOS DE LA COLECCIÓN

A LA VENTA EN MAYO DE 2026